絶厭怪談
深い闇の底から

つくね乱蔵

竹書房
怪談
文庫

※本書は体験者および関係者に実際に取材した内容をもとに書き綴られた怪談集です。体験者の記憶と主観のもとに再現されたものであり、掲載するすべてを事実と認定するものではございません。あらかじめご了承ください。

※本書に登場する人物名は、様々な事情を考慮してすべて仮名にしてあります。また、作中に登場する体験者の記憶と体験当時の世相を鑑み、極力当時の様相を再現するよう心がけています。今日の見地においては若干耳慣れない言葉・表記が記載される場合がございますが、これらは差別・侮蔑を助長する意図に基づくものではございません。

本書の怪談記事作成に当たって、快く取材に応じていただいた方々、体験談を提供していただいた方々に感謝の意を述べるとともに、本書の作成に関わられた関係者各位の霊的無事をお祈り申し上げます。

浸食される日常

つくね乱蔵

貴方は幸せですか。

充実した毎日を送ってますか。

御自身も御家族もお元気ですか。

仕事や学業は捗《はかど》っていますか。


例えば、いつものように出かけていった家族が、何らかの事故に巻き込まれる。

元気一杯の毎日を送っていたのに、健康診断で病魔が見つかる。

勤務先が何の前触れもなく倒産する。

新築のマイホームが、隣家の火事で延焼する。

のんびり過ごしていた居間に暴走車が飛び込んでくる。

そんな思いがけない罠が、この世には沢山仕掛けられている。

いやいや、私は強運だから大丈夫。元気そのものだし、会社の業績も右肩上がりだ、家族とも仲が良い、将来にも不安はない、罠なんか片っ端から蹴とばしてやる等と笑い飛ばす人もいるだろう。

だが、永遠に続く幸福など何処にもない。

早い話、個人の運など戦争や天災の前では無力だ。

生きている限り、人は不幸から逃れることはできない。


この本にも、日常を不幸に侵食されてしまった人達が登場する。

侵食の度合いはそれぞれ異なる。比較的浅く済んだ人、とことんまで食い込まれた人、様々だ。

ただ、いずれの場合も、その不幸は冒頭に挙げたものとは少し異なる。

この世の理から外れてしまっているのだ。

特殊な人達ではない。何処にでもいる平均的な人達だ。

日頃の行いが悪かったとか、呪われるようなことをしてしまった等という人は少ない。

要するに、今これを読んでいる貴方と、それほど変わらない人達なのだ。

だとすると、貴方にも同じことが起こる可能性は十分にある。

明日にでも、いや今この瞬間、異様な出来事が襲ってくるかもしれない。

それが分かりやすいものなら、まだマシだ。目に見える恐怖は逃げる切っ掛けが掴める。

ひたひたと沁みてきて、いつの間にか全てが染まってしまうような怪異だと、些《いささ》か厄介である。

そんな不幸に取り憑かれたら、やれることは限られてくる。

何が起こっても落ち着いて対処するか。或いは静かに諦めるか。

どちらが自分に合うか、この本で予習してもらいたい。

それでは始めよう。

明日の絶望がここにある。

目次

死にたくない

今年の春、高橋さんは大好きな祖父を亡くした。

剣道が趣味で、頑強な身体が自慢の祖父だったが、癌には勝てなかったのである。

付き添っていた母からの連絡で、病院に駆けつけたときには既に遅かった。

骨に転移した為、毎日が激痛との戦いだったらしい。歯を食いしばり、両目を固く閉じた表情が、何とも恐ろしかった。

高橋さんは、祖父が笑顔で死ぬ気がしていた。そのぐらいの豪胆さはあると思っていたし、何よりも祖父自身が常々そう言っていたからだ。

だが、祖父の最後の顔は、死というものが甘いものではないと訴えているようだった。

葬儀には、沢山の人がやってきた。

町内会や老人会のまとめ役として活躍していたこともあり、大袈裟ではなく町内の全員が弔問に訪れた。

お互いに顔見知り同士である。あちこちで、祖父の思い出話の花が咲いた。

若い頃の武勇伝や、老いらくの恋愛話に至るまで、祖父がとことん人生を謳歌《おうか》した様子が分かった。

孫として、世間に自慢できる祖父だったのだ。

そう思うと、やはりあの死に顔だけが心残りで仕方ない。葬祭業者が口を閉じてくれたし、弛緩《しかん》したおかげで穏やかな表情にはなっている。

それでも、痛みや苦しみが何となく残っている気がする。勝手な思い込みだ、諦めるしかないと自分を戒める。

葬儀が始まり、式場は水を打ったように静まり返った。読経が始まって間もなく、高橋さんは誰かの声に気付いた。

最初は囁き声程度だったものが、徐々に大声になっていく。聞き覚えのある声だ。

いや、聞き覚えどころではない。これは間違いなく、祖父である。

思わず棺を見る。やはり声は、棺から聞こえてくる。生き返ったのか。

どうしよう。誰かに言うべきだろうか。いやいや、死んでいたのは明らかだ。あの状態から復活できるとは、到底思えない。

だが、現実問題として、祖父は大声を上げている。

「痛い痛い、誰か何とかしてくれ、嫌だ、まだ死にたくない」

そう叫んでいる。けれど周りを見渡しても、誰一人として反応しない。

読経が終わっても祖父は痛みを訴え、死にたくないと連呼し続けている。

どうにも聞いていられない。それほど悲痛な叫びだ。

司会者が落ち着いた声で式を進めていく。高橋さんは式が終わるのをひたすら待った。

「この後間もなく出棺となります。お見送りされる方は御出棺の準備が整いますまで、しばらくお待ちください」

葬祭業者が棺の覗き窓を開け、最後のお見送りが始まった。無視する訳にはいかない。

高橋さんは、恐る恐る列に並んだ。

その間も、祖父の声は聞こえてくる。

「助けてくれ、死にたくない。お前ら何故無視する、こっちを見ろ、わしを見ろ」

式場に飾られた花を摘み、皆が棺に入れていく。ふと妙なことに気付いた。殆《ほとん》どの人が、祖父の腰から足元に掛けて花を入れているのだ。

顔の周りには置く人が極端に少ない。司会者が気を利かせ、お顔のほうにもお願いしますと声を掛けているが、誰も耳を貸そうとしない。

「死にたくない、出してくれ」

もしかしたら、皆も声が聞こえているのでは。確かめたいが、どう訊けばいいか分からない。

何より、この場でそんな質問をすれば、祖父に気付かれる恐れがある。

高橋さんは何事もなかったかのように祖父の足先に花を置き、最後の別れを済ませた。

火葬場の炉の中に入れられても、祖父はしばらく叫んでいた。

最後の最後に、〈熱い！〉と一声吠え、祖父は沈黙した。


火葬場の控え室で、高橋さんは仲の良い叔父に、何か聞こえなかったか訊いてみた。

「知らん知らん。何も聞いてないで俺は」

何の音か訊き返すこともせず、叔父は躍起になって否定した。それこそが何よりの答えに思えた。

他の親戚にも訊いてみたが、同じような反応を示すのが二人、黙り込んだのが一人、露骨に話題を変えたのが一人。

恐らく、その全員に祖父の声は届いていたはずだ。それなのに、全員が無視した。

無視するしかなかったのだ。

共犯という訳ではないが、高橋さんは気持ちが楽になったという。

椅子で寝る人

佐田さんの叔母、敏子さんには変わった癖がある。

布団やベッドを使わず、椅子で寝るのだ。

佐田さんが、敏子さんの家を初めて訪ねたのは今から十年前、七歳の夏休みの頃。

敏子さんは、既に椅子で寝ていた。リクライニングは可能なようだが、可動域が狭い。電車の座席のほうがまだマシなぐらいだ。

首に旅行用の空気枕を巻き、薄手の毛布で身体を包む。当然、寝返りなどできない。

クッションの良さそうな椅子だが、これでは到底、安眠できるとは思えない。

佐田さんは、子供らしい素直さで椅子を使う理由を訊いた。

「仕方ないのよ。横になって寝るとおかしいのが来ちゃうから」

その返事の意味が分からないまま、大変だなと同情したのを覚えている。

高校生になって間もない頃、母親から使いを頼まれた佐田さんは、久しぶりに敏子さんの家を訪れた。

用事を済ませ、勧められたお茶菓子を頬張る。近況を話しているうち、椅子のことが話題に上った。

驚いたことに、敏子さんは四十五歳になった今でも椅子で寝ているらしい。

ふと、あのときの会話を思い出した佐田さんは、おかしいものとは何なのか訊いてみた。

「そんなこと言ったかしら。いいわ、教えてあげる」


敏子さんは、十五年ほど前に事故で夫を亡くした。

葬儀を終えた夜、神経が高ぶって眠れそうになかった敏子さんは、とりあえず身体を休めておこうと横になった。

目を閉じて数分後、敏子さんは異様な気配を感じた。

横に誰かいる。添い寝するような状態で寄り添われている。

強烈な臭いがした。安っぽい男性用化粧品のようだ。汗くさく、饐《す》えた臭いが混ざっている。

その誰かは添い寝するだけでは飽きたらず、そろそろと身体を弄《まさぐ》ってきた。髪の毛、頬、顎と撫でまわし、乳房にも触れてきた。

抵抗しようにも身体が動かず、目も開けられない。いわゆる金縛り状態の全身が蹂躙《じゅうりん》されていく。

必死になってお経を唱え、亡き夫に助けを求めたが状況は変わらない。そうこうしているうち、敏子さんは力尽きて意識を失ってしまった。

気が付いたときには、シーツや身体に臭いが染みついていたという。

その現象は、一日も欠けることなく毎晩続いた。

夫を亡くした直後であり、ストレスは並大抵のものではない。

だから悪夢を見たのだ。敏子さんはそう考え、誰にも相談せずに抱え込んだ。

何とか生活は落ち着き始めているものの、相変わらずまともな睡眠が取れない日々は、確実に敏子さんの体力を奪っていった。

そんな中、面接を受けていたパート先に採用が決まり、敏子さんは働き始めた。

夫は遺産を残してくれたが、これからの人生を考えると安易に食い潰す訳にはいかない。

慣れない仕事に疲れ、家事もそこそこに食事を済ませ、溜め息を吐いた瞬間、眠ってしまったらしい。

気が付くと、三時間も経っていた。久しぶりに頭がスッキリと冴えている。

理由は分からないが、椅子で寝たらあれは現れないのだろうか。

試しに、座ったまま目を閉じてみた。

朝まで一度も邪魔されずに眠れた。

「それからずっと椅子で寝てるの。この家じゃない場所でも、あれは出てくるから、旅行先でも椅子で寝た。何回か、もういいかなって試してみたけど、今でも待ち構えているみたいで、律儀に出てくる。ほんと、しつこいったらありゃしない」

そう言って敏子さんは笑った。

それが最後の笑顔だった。

長年の無理で疲労が蓄積していたのか、心臓が弱っていたらしい。

通夜は葬祭会館を借りて行われた。

会館に到着した佐田さんは、泣きながら敏子さんの遺体に対面した。

ついこの間、話したばかりなのに。

悲しさと悔しさが胸に溢れてくる。顔を覆っている白布を取ろうとして、佐田さんは気付いた。

微かに悪臭が漂ってくる。もしかしたら、これが敏子さんが言っていた臭いか。

横になりさえすれば、死んでいても構わないというのか。

他の人に気付かれないよう、少しだけ布団を上げてみた。

その途端、溢れ出した臭いが佐田さんの鼻孔を刺激した。

敏子さんが言っていた通りだ。安っぽい男性化粧品に、饐えた体臭が混じり合っている。

その臭いに覚えがあった。

つい最近も嗅いでいる。

そのとき、母に向かってこんな文句を言った。

「お母さん！　お父さんの洗濯物、一緒にしないでって言ったのに！　凄く臭いんだから。ほんとにもう、この化粧品やめたらいいのに」

胸一杯の愛を

戦後間もなくの頃の話である。

高村さんは、とある地方の小さな集落で産声を上げた。

当時は殆どの土地がそうだったが、特に貧しい集落であった。住民は少なく、子供も高村さんと妹の紀子の二人だけだ。

そのような集落である為、色々と暮らしに制約があった。日常生活は勿論、冠婚葬祭も満足に行えない。

葬儀なども、正式な僧侶や、由緒正しい寺に頼んだことがない。妙な言い方だが、自給自足の葬儀で済ませていた。

村の診療所や、町の病院も余程のことがないと受診できない。

小学校には通えていたが、見るからに貧しい高村兄妹に近づく物好きはいなかった。

高村さんは母子家庭である。母は休みなく働いており、殆ど家にいない。

紀子は生まれつき聴覚に障害を持っていたが、まともな診療は受けられなかった。

高村さんは紀子を守り、紀子は高村さんを慕い、二人は寄り添うように時を過ごした。手先が器用だった高村さんは、ぼろ布を縫って人形を作り上げた。紀子が持つ唯一の玩具である。

紀子は、その人形を宝物として片時も手離さなかったという。

集落は三方を山に囲まれていた。高さはそれほどではないが、鬱蒼《うっそう》とした木々に覆われた山だ。

一日を通じて陽が当たることはない。常にじめじめした陰気な場所である。

近くには、古い火葬場があった。燃料に薪や木炭を使い、長時間掛けて焼き上げる旧式のものだ。

既に廃止していたのだが、終戦直後で石油系の燃料が手に入らず、やむなく復活させられた。

夕方頃に火を入れ、一晩掛けて焼く。何の加減か、黒い煙が延々と続くこともある。

黒い煙は、時に山へ流れてきて、木々に絡みつく。集落まで漂ってくることもしばしばあった。

地形の影響か、漂ってきた煙は集落からなかなか離れようとしない。自然と消えるのを待つしかなかった。

健康被害はともかく、とりあえず臭いが酷かったという。

この火葬場を任されている男がいた。名は金森、土地の人間ではない。満州から引き揚げてきた復員兵とのことで、左腕が丸ごとない。

戦前は他府県で火葬場の職員をしていたらしい。

何処でどう伝わったか、或いは自ら売り込んだのか、金森は火葬場の復旧と同時に作業全般を任された。

たった一人で全てをこなす為、忙しいときには帰宅する暇もない。殆ど、火葬場で寝泊まりするような状況である。

学校の行き帰りに、何げなく会話を交わしたのが切っ掛けで、高村さんと紀子は金森の仕事を手伝うことになった。僅かではあるが、金森は駄賃もくれた。

建物や周辺の掃除が主な仕事だ。忙しいときには、遺骨を取り除いた後の灰の始末などもやっていた。

危険な作業は一切なかったが、人を燃やす場所だという思いは常に頭にこびりついていたという。それでも、可能な限り金は稼いでおきたかった。金さえあれば、来年から中学校に通えるかもしれないからだ。

真面目な仕事ぶりが気に入ったのか、金森は暇なときでも仕事を手伝わせてくれるようになった。

ある日のこと、いつものように炉の掃除をしていると、金森が妙なことを呟いた。

「やっぱり、木だな。煙が動くのは木が原因か」

何のことか分からず、高村さんが見つめていると、金森はニタリと笑って話し出した。

この火葬場、炉が三つあるだろ。真ん中と右はまだまともに動くから料金も高い。お前らの集落が使えるのは、故障が多くて安い左側だ。

真ん中と右の炉には、質の良い薪とか木炭を使う。クヌギとかカシだな。だから最後まできっちりと燃える。

お前らには、そんな良い木は使えない。っていうか、良い木を使えるほど金持ってないだろ？

お前らの集落の外れに生えてる木、あれを使う。

じめじめした場所の木を乾燥させずに使うから、水分が多くてやたらと煙だけ出る。当然、綺麗に焼けない。焼け残った身体は、集落の外れに埋められる。火葬か土葬か、どっちなんだって話よ。

で、だな。お前らって、自分らで考えた葬式やるだろ。いや、お前は分からないだろうな。生まれたときからずっとやってることだし、何処が違うなんて気にしねぇだろ。けどな、俺はあちこち放浪してたから、色んな葬式も見てる。お前らの葬式は祈り方とか、お供え物とか、何もかもが独特だ。ここら辺じゃ見たことねぇんだ。

金森は、ちらりと炉を見て話を続けた。


お前らを焼くと、普段より濃い煙が上がる。そいつは上がったと思ったらすぐに下りてきて、山肌を伝って集落に入る。

あれってただの煙じゃないぞ。

だってそうだろ、向かい風に逆らう煙なんかねぇだろ。第一、あんな長い間消えない煙なんて普通じゃねぇよ。

俺が思うに、あれは霊魂だな。死んだ奴が燃やされて、煙に姿を変えて帰ってくるんだよ。

今度、集落の誰かが死んだらよく見ておけ。煙はそいつが住んでた家に行く。そこで四十九日留まってから消える。

それがお前らの供養のやり方な訳だ。何でそうなるかは分からんよ。聞いたことのないお経とかも理由の一つだろう。そもそもお前らの集落そのものに、そういった力があるのかもしれん。けど、一番の理由は、あの木だと俺は思う。あの木は、燃え残りの死体を肥料にして育ってるだろ。てことは、残した思いとか、未練とかを栄養にしてる訳だ。だから、それで燃やした死体は、煙になって集落に戻ってくるんじゃないか？

金森は、面白半分にあることを試してみたらしい。集落の人間の火葬に、質の良い薪を使ってみたのだという。

予想通り、煙は空高く上がって消えていった。

遺族達が唖然として夕焼け空を見上げている様子は、なかなかの見物だったそうだ。

俄には信じられない話だったが、言われてみれば辻褄が合う。

次に集落の誰かが死んだとき、じっくり観察してみよう。

高村さんは、今か今かとその日を待ち続けた。

冬に入って間もない頃、そんな生活を根本から崩す出来事が起きた。

ある朝、珍しく朝寝坊した母が、大声で「止めた。疲れた。とことん疲れた。もういい」

と言い残して家を飛び出していったのである。

驚いて泣く紀子を抱きしめ、高村さんは母の帰りを待った。一日が経ち、二日目の夜になっても母は帰ってこなかった。

これは帰ってこないな。僕達は捨てられたんだと理解するのに、四日掛かった。

児童福祉法が制定されて間もない頃の話である。まだ、法が救えない子供は全国に数多くいた。

それに加え、極度に貧しい集落の子供である。恐らく、役場には情報すら届かなかったに違いない。

幼い二人は、否応なく自分達だけの力で生きていかねばならなくなった。

幸いなことに、火葬場の手伝いをしていれば、ギリギリ暮らしていけた。集落の皆も、何かと助けてくれる。

人として最低限の生活ではあるが、飢えることはなかった。

冬が終わり、ようやく雪が溶けかけた朝、紀子が死んだ。風邪を引いたらしく、少し熱があったのは確かだが、穏やかに眠っていたはずだ。

それなのに朝起きたら、紀子は雪のように白く、冷たくなっていた。

高村さんは呆然と見つめたまま午前中を過ごし、午後になってようやく大声で泣きながら近くの家に知らせに行った。

紀子は葬式すら行えず、とりあえず火葬場に運ばれた。棺が用意できない為、適当な板に載せたままだ。

いつもは軽口が多い金森が無言で紀子を見つめている。

高村さんは、大切にしていた人形を紀子の胸に乗せ、見送った。

外に出て煙突を見上げる。待つほどもなく、黒い煙が立ち昇ってきた。出るとすぐに、煙は高村さんの家目掛けて漂い始めた。

帰ってくる妹を出迎える為、高村さんは家へ走った。

軒先で待っていると、妹の煙が緩やかに漂ってきた。

「お帰り、紀子」

煙は家の中に入り、紀子がいつもいた部屋で止まった。

翌日も翌々日も紀子は消えようとしない。

おかげで、たった一人の暮らしだが寂しくなくなったという。

金森が四十九日間の供養を忘れぬようにと、線香と蝋燭《ろうそく》をくれた。

仏壇などという気の利いた代物はない。

位牌が用意できなかった為、木を削って自分で作った。戒名などというものは知らない。鉛筆で名前だけを書いた。

たったそれだけでも、供養は供養である。紀子の煙は、徐々に薄れていった。

亡くなって一カ月が過ぎた。いつものように線香をあげながら、高村さんはふと、こんなことを思った。

このまま供養を続けたら、四十九日で紀子は消えてしまう。

そうしたら自分は独りぼっちになってしまう。もう何も残っていない世界に、自分一人だけが取り残される。

高村さんは、長い間じっと煙を見続けた。

そして静かに立ち上がると、煙の側に立った。二、三度深呼吸を繰り返し、思い切り煙を吸い込んだ。

煙は、自らの意志を持っているかのように、するすると高村さんの口に入っていく。

全て吸い終わった後、胸の奥がほんのりと温かくなった。

それから一年が過ぎた頃、男が二人、高村さんを訪ねてきた。

関西地方で行き倒れた女性の荷物に、高村さんの名前と住所を書いた封筒があったそうだ。

封筒の中には、便箋が一枚入っていた。酷く乱れた文字で、あなた達を捨ててしまってごめんなさいとだけ書いてあった。

切手は貼っていなかった。所持品から察するに、切手を買う金すらなかったのだろうと思われた。

女性は母であった。どうするか訊かれた高村さんは、しばらく考え、引き取らせてくださいと答えた。

あと少しで懐かしい故郷というところで、母は亡くなった。生きて帰り着くことはできなかった。

一年ぶりに見た母は、別人のように痩せ衰えていた。苦労から逃げ出したはずだが、すぐに追いつかれたのだろう。

高村さんは、母を布で包み、背中に負って火葬場に向かった。人を負ぶっているとは思えないほど軽かった。

既に事情を聞いていた金森に手伝ってもらい、炉に放り込んだ。

集落独自のお経は、何度も聞いていたから覚えている。一字一句間違わずに唱え、火を点けた。

煙突から上がった煙は、紀子のときと同じように高村さんの家目掛けて漂い始めた。

ぼんやりと眺めていた高村さんは、金森に礼を告げてから家に戻った。

母の煙は台所で丸まっている。その様子を確認し、高村さんは荷物をまとめて家を出た。

そのまま大阪に向かい、日雇い仕事で一日一日を生き延びてきたのだという。

十五年程経った頃、高村さんは一度だけ家に戻った。

集落そのものはなくなっていたが、あちこちに廃屋は残っている。

高村さんの家も、今にも崩れ落ちそうな姿だが、辛うじて形を保っていた。

大きな穴が開いた屋根から、陽の光が差し込んでいる。

雑草とツタが生い茂り、屋外と変わらぬ部屋の中に、母の煙はまだ漂っていたという。

桜、咲け

弘美さんの祖母、初枝さんは占いを趣味にしていた。

易学と人相と手相を混ぜ合わせ、自分なりにアレンジしたものだという。

弘美さんも何度か占ってもらったことがある。

占いとしての優劣は分からないが、悩みの相談相手としては最適と言えた。

内容はともかく、何となく安心できたという。

実は凄い占い師なのではと皆が驚いたのは、弘美さんの大学受験のときだ。

弘美さんは滑り止めを含め、全部で七校受けたのだが、初枝さんは七校全ての合否を言い当てたのである。

それで自信が付いたのか、或いは独自の方法が確立したのか、初枝さんは次々に未来を言い当てていった。

とはいえ、社会問題や世界情勢などといった大きなものは対象にしない。地震などの天災も占ったことがない。

初枝さんいわく、社会問題も天災も刻々と状態を変えることで力を増すものだから、素人の占いでは先が見えないのだという。

初枝さんが得意とする占いは二つ。まずは危険予知だ。

この店は唐揚げが不味いなどという軽い予知から、この電車は人が飛び込むから乗らないほうがいいなどの重い予知まで、その範囲は幅広い。

もう一つは、かなり変わっている。生まれてくる子の性別判定だ。

驚くべきことだが、妊娠が判明する前に分かるという。その人の周りに、ふわふわと子供が漂うらしい。

占いというよりは霊能力の類だと思われるが、とりあえず信頼度は高い。

今までに言い当てた数は親戚縁者や近隣の家庭を合わせて十七件、百発百中である。

中には独身の女性もおり、両親と揉めたなどという笑えない話もあった。


弘美さんが新婚家庭に初枝さんを招いたのは、早春の頃だった。

以前から聞かされてきた初枝さんの特技を見たかったからだという。

居間に通された初枝さんは、黙り込んだまま弘美さんを見ている。

今までに見たことのない厳しい表情だ。

しまった。面白半分で占いを頼まれるのって、不愉快だったのかも。

自らの傲慢さを反省する弘美さんだったが、今更どうしようもない。

会話の糸口を見つけようと焦る弘美さんに、初枝さんが言った。

「あのね、あなた来年の七月にお母さんになるわ」

いきなり嬉しい予想である。弘美さんは泣き出しそうになった。

ところが何故だか初枝さんは、厳しい表情を崩そうとしない。

「双子を妊娠する。どちらも女の子よ」

更に嬉しさが増す。双子の女の子なんて、予想していなかった。

「どうしよう、大変。双子用のベビーカーとか、お揃いのお洋服とか用意しなきゃ」

嬉しそうに慌てる弘美さんを見ていた初枝さんは、いきなり立ち上がり、深々と頭を下げた。

「ごめんなさい。今から凄く嫌なこと言うけど、許してね。けど、大切なことだから聞いてほしい」

冗談を挟めるような雰囲気ではない。弘美さんは口を閉じて姿勢を正した。

「妊娠するのは双子だけど、産まれてくるのは一人なの」

言われたことの重さを理解するのに、少し時間が掛かった。

「それってつまり」

「そう。一人は死産。ただ、普通の死産じゃない。双子のうち一人が、もう一人を殺すの」

何だそれは。私のお腹の中で殺し合いが始まると言うのか、この人は。

「気持ち悪いこと言わないでください」

弘美さんは、思わず声を荒らげてしまった。初枝さんは辛そうな顔で俯き、それでも言葉を続けた。

「見えたのよ。左側の子がいきなり食いついたの。右側の子は必死に抵抗したんだけど、どんどん食べられていった。だから産まれてくるのは一人だけ。ハッキリ言うわ、その子は生まれてはいけない。沢山の人生を貪り食う女になるわよ」

「帰ってください。帰れ！」

初枝さんは去り際にもう一度、産んじゃ駄目よと言い残していった。

数カ月後。

弘美さんの妊娠が分かった。六週目に入ったところで、心拍が二人分あることが認められた。

双子を喜ぶ夫に対し、弘美さんは努力して笑顔を返した。

八週目で心拍が一つになった。

医師は、染色体の異常から起こるバニシングツインという現象であり、決して母体に責任がある訳ではないと説明してくれた。

「残された赤ちゃんを大切に育てて、無事に出産することが何よりも大切ですよ」

医師の言葉に強く頷き、弘美さんは初枝さんの言葉を無視する決意を固めた。

産まれてはならない子なんて、この世にいない。いてたまるか。どんな子だって生きる権利があるんだ。

そう自分に言い聞かせ、弘美さんは体調管理に努めた。


七月七日、七夕の夜。

女の子が生まれた。元気な産声である。我が子を抱きしめ、弘美さんは産んで良かったと心から思えた。

新生児室に向かう為、看護師に預けた瞬間、弘美さんは見てしまった。

もう一人いる。

赤ちゃんの頭から胎児が垂れ下がっている。頭頂部同士が繋がっているように見えた。

実体がないのは明らかだ。看護師の腕をすり抜けている。

あれは何だろうという疑問すら湧かなかった。

決まっているではないか。あれは、喰われてしまったほうだ。

自分も産まれたかったのだろうな。

そう思った途端、弘美さんは泣き出してしまった。後から後から涙が溢れてきて止まらなくなったという。


菜々美と名付けられた我が子は、すくすくと育っていった。

風邪一つ引かない元気な子である。いつも笑顔で、誰にでも愛想が良い。

夫は溺愛している。まだ一歳になったばかりなのに、嫁にはやりたくないなどと親馬鹿を剥き出しにしている。

頭頂部で繋がった子は胎児のままだ。当然といえば当然だ。

弘美さんは密かに、その子にも名前を付けていた。

桜という。散ってもまた美しく咲くようにとの願いを込めた。

小学生になった菜々美は、問題行動が目立つ子になってきた。

担任の教師いわくイジメの首謀者らしいのだが、決して表には出ないのだという。

男子生徒が全員、菜々美を庇うそうだ。

御家庭でもしっかり指導していただけませんかと言われたが、弘美さんは適当に聞き流した。

私の手に負える訳ないじゃない。この子は産まれるときに一人食ってるのよ。

相変わらず、夫は見ていて気持ちが悪いぐらい溺愛している。菜々美もそんな父親に媚のように甘えている。


最近、ほんの少しだけ希望が見えた。

気のせいかもしれないが、桜が育っているようなのだ。

昨日などは明らかに笑っていた。

もしかしたら、菜々美と桜が入れ替わるかもしれない。

可能性はゼロではない。

弘美さんはそう信じている。

選手交代

小野さんの悩み事は少し変わっている。

自分が自分でないときがあるというのだ。

大学に向かう途中、食事中、個室で用を足している最中などにもあった。時間や場所は様々だが、周りに誰もいない状況で起こる。

まずは瞼が重くなる。眠い訳ではなく、瞼に圧力が掛けられる。

誰かの指が瞼に触れているのが分かる。

抗っても無駄だ。自分一人だけだから、助けを求めることもできない。

そこから一瞬だけ記憶が途切れる。最初は、うたたねだと思った。偶々徹夜した翌日だったこともある。

だが、何度目かに寝不足ではないと気付いた。寝不足なら、すぐにまた眠くなるはずだ。

ところがこれは、その一瞬で終わる。瞼を開けた後は普段通りに行動できるし、眠気もない。

だとしたら、何かの病気ではないだろうか。瞼に指が触れた気がするのも、神経の異常なのかもしれない。

ネットを検索し、自分なりに調べたところ、ストレスによる解離性健忘が近いように思えた。

ただし、主な症状である〈記憶に空白期間が見られる〉という点が違っている。

自分の場合、空白がないのだ。

おかしな瞬きの後、何をしたか全て覚えている。

友達と食事しながら交わした会話、帰り道で見つけた猫、新しいパン屋のベーグルに惹かれたこと、道端に咲いていたタンポポ。

特に妙な行動を取ったとか、生活に不自由したなどの記憶がない。

心配し過ぎかなと苦笑した瞬間、小野さんは気付いた。

覚え方がおかしい。友達も猫もベーグルもタンポポも、自分の目を通して見ていない。

そのとき、自分は自分の背中越しにそれを見ていた。自分の背中を直に見たことはないが、着ている服も髪型もピアスも、確かに自分だった。

そういえば、会話中の友人と一度も目が合っていない。私は、もう一人の私と楽しそうに話している友人を眺めていただけだ。

必死になって記憶を辿ってみる。二、三時間はそのような状態だったようだ。

もう一度、ネットを検索してみる。

離人症という病気が浮かび上がってきた。

自分が精神的におかしいとは思えないのだが、それも症状の一つかもしれない。

とにかく、素人が中途半端な知識で自分を追い込んでも始まらない。

小野さんは専門医の診断を受けることにした。


予約した日の朝。

身支度を調えていると、また瞼が重くなった。

誰かの指が瞼に触れている。例によって一瞬だけ記憶が途切れるだろうが、今度は可能な限り情報を仕入れなければ。

自分に言い聞かせてから、小野さんは目を開けた。

目の前に自分がいた。

ただし、見えているのは背中ではない。もう一人の自分は、こちらを向いて立っていた。

しっかりと目と目が合った。幻影ではない。確かにそこにいる。姿形は間違いなく自分だ。

「あなた誰？」

もう一人の自分は質問に答えようとせず、睨みつけてきた。

「あなたこそ誰？」

そう言い残して、一瞬で消えた。

その日以降も状況は改善していないが、生活に支障はない。大学も無事に卒業できそうだし、就職も決まった。

ただ、最近になって、もう一人の自分が頻繁に現れるようになった。

居座る時間も延びてきている。どうかすると、半日近くになることもある。

最悪、乗っ取られたとして、今のこの自分はどうなってしまうのか。

自分のままでいられるのだろうか。

その答えは出せていない。

新しい家族

家族愛が根底にあるんですよ。
私が、自身の怪談をそう説明すると、小山さんは我が意を得たりとばかりに言った。
「だったら、私の話を聞いてください。うちも家族愛に溢れてるんです」
確か小山さんは幼い頃に父親を亡くし、母子家庭だと聞いている。
随分と苦労したらしいが、そんな様子を微塵も見せない朗らかな女性だ。
友人も多い。今回の出会いも友人を介してのことだ。
さぞや素敵な話が聞けるに違いない。
是非、聞かせてくださいと頭を下げた。
「変な話なのは分かってるんですけどね」
小山さんは、そんな言葉から話を始めた。
小山さんには、歳の離れた莉愛という妹がいた。
四六時中働き通しの母に代わり、小山さんは莉愛を守り、育てた。

莉愛も小山さんを姉としてではなく、育ての母として慕っていた。

何か悩み事があると、まず小山さんに相談する。

九歳といえど、子供には子供なりの悩みがあるものだ。

自らの経験を元に、小山さんは優しく、時には厳しく教え導いていた。


初夏の気配が漂う頃、莉愛が妙な行動を取るようになった。

いつもなら、学校から帰ってすぐにおやつを食べ、宿題を済ませてから遊びに行く。

近所の図書館に隣接した児童センターで過ごし、夕方になれば帰ってくるはずである。

小山さんが大学から帰る頃には、簡単な家事を始めている。

ところが、ここ数日は帰宅が遅い。何処で遊んでいるのか、靴が泥だらけのときもある。

幾らしっかりしているとはいえ、まだ九歳の女児である。危険は街中に転がっている。

思わぬところで事件や事故に巻き込まれるかもしれない。大事になる前に状況を確認しておくべきだ。

夕食後、風呂に誘い、小山さんは優しく話を切り出した。

何処で何をしているか知りたいだけだ。声を荒らげて問い質すようなことでもない。

その配慮が功を奏し、莉愛は泣きそうになりながら全てを打ち明けた。

学校の近くに神社がある。

その裏手にある森の中で、ペットを飼っているという。

家で飼うのは反対されるに決まっているから、言い出せなかったらしい。

莉愛が言う通り、母が反対することは確定している。母は生き物を飼うのが嫌いな人だし、それ以前の問題としてアパートはペット禁止だ。

けれど、ここで自分も反対すると莉愛は行き場をなくしてしまう。

「ペットってどんなの？　犬、それとも猫？」

しばらく考えてから、莉愛はおもむろに言った。

「どっちでもないの。でも可愛いよ、見たら分かるよ」

犬でも猫でもない。だとしたら何だ。莉愛に訊いても、見たら分かるの一点張りだ。

とにかく明日、一緒に行けば分かるだろう。小山さんは莉愛の髪を乾かしながら、母を説得する方法を考えた。


翌日、小山さんは莉愛が待つ神社に向かった。鳥居の下で待っていた莉愛は、ランドセルを揺らして駆け寄ってきた。

仲良く手を繋いで森に向かう。神社を囲む森だけあって、辺りは静謐《せいひつ》な空気に満ちている。

「こっちだよ」

嬉しそうに息を弾ませ、莉愛は小走りに進んでいく。

歴史のある森に相応しく、大きな樹木ばかりだ。木漏れ日が美しい。吹き抜ける風も心地良い。

先を行く莉愛が、ようやく足を止めた。木の根元に座り込み、優しく話しかけている。

「ただいま、寂しかった？　今日はお姉ちゃんも連れてきたんだよ」

どうやらそこにいるらしい。

「はい、こんにちはしようね」

莉愛がそれを胸に抱き上げた。

それは最初、木の根っこに見えた。

何の冗談だと思ったが、よく見ると顔と手足がある。驚くほど丁寧に作り込まれた赤ん坊の人形だ。

ペットとして飼うという表現は理解し難いが、これなら家に持ち帰っても大丈夫だろう。

母にはよくできた人形と、正直に言えばいいだけだ。

その判断を伝えると、莉愛は小躍りして喜んだ。

「ほんと？　この子、家に入れていいの？」

「いいわよ。大切にしてあげなさい」

帰り道、莉愛はずっと人形に話しかけていた。どうやら、この人形は女の子らしい。お洋服はどうしましょう、リボンとか似合うかも、お腹空いてるよね、と世話を焼いている。

小山さんもそうだが、玩具らしいものを買ってもらったことがない。

初めて手に入れた人形にしては、些か気持ちが悪い代物だが、妹の喜ぶ姿は見ているほうも幸せになれた。


その夜、小山さんと莉愛は、帰宅した母の前に二人並んで正座した。

「なぁに、あんた達。どうしたのよ」

もじもじする莉愛の頭を撫で、小山さんは先を促した。

莉愛は、後ろに隠していた人形を母に差し出しながら言った。

「あのね、この子、神社の森で見つけたの。育ててもいい？」

目を丸くして人形を見つめていた母は、人形をそっと手に取り、じっくりと調べ始めた。

よくできてるわねぇ、あら、女の子ねなどと感心している。

「これ、大丈夫なの？　探してたりしない？」

見つけた場所から察するに、多分捨てられていたのだろうと説明する。

母は優しく微笑み、莉愛に言った。

「で？　我が家の新しい娘の名前は？」

思ってもみなかった母親の態度に、莉愛は泣き笑いしている。良かった、思い切って持ち帰ったのは正解だったんだ。

安心した小山さんも、涙ぐみながらその場を離れ、食事の支度を始めた。

名前は美智子と決めた。

莉愛が言うには、この人形自身が、そうしてくれと頼んだらしい。

そこまで入れ込むとは。何だか面白くなった小山さんは、美智子のことを詳しく訊いてみた。

莉愛は、すらすらと話し始めた。時折、美智子の顔に耳を傾け、何やら聞いている素振りを見せている。

美智子の話は、九歳の女児では到底思いつかない出来事に満ちていた。

美智子は、あの森で生み落とされた。

生んだ女は、ごめんね、ごめんねと泣きながらへその緒を裁ち鋏《たばさみ》で切り離したらしい。

美智子は七日目の朝まで生きていた。環境のせいか、神様のおかげかは分からないが、カラスや野犬の餌にもならず、美智子はその場で乾燥していった。

意識は残っていた。誰か優しい人に拾われるかもしれない。その願いを辺りに放出しながら、美智子は待った。

そしてようやく、女の子が見つけてくれた。

「それがあたしだよ」

莉愛は、愛おしげに美智子を撫でながら笑った。

ちなみに、美智子というのは生み落とした女の名前だという。


さて、どう判断すればいいのか。

その夜、一人になってから小山さんは、疑問点を書き出してみた。

莉愛ちゃんの話だと、美智子はミイラ化した赤ん坊ということになる。

だが、腐敗臭はない。少なくとも不快な臭いはしない。

触った感触は木そのもの。けれど、莉愛と母は柔らかくて気持ちいいと言っている。

そこで行き止まりだ。

思考の堂々巡りを繰り返していた小山さんは、ふと悍《おぞ》ましい手段を思いついた。

生きているかどうか調べるのに、最も適した方法。

それは、人形の指を折ることだ。

そんなことをやったと知れば、莉愛がキレるのは間違いない。

だが、反応を確かめてから、接着剤で直せばどうにでも誤魔化せる。

今のところ、それが唯一にして一番手っ取り早い方法だ。幸い、明日の午後は休講になっている。

小山さんは覚悟を決めて眠りに就いた。

翌日。

急いで帰宅した小山さんは、莉愛の部屋に入り、念のため臭いを嗅いでみた。

妙だ。いつもとは違い、微かに何か臭ってきた。肉が腐ったような臭いだ。

美智子は莉愛の机の上に座っている。

近づいた小山さんは、ふと気付いて足を止めた。

何故、座れているのか。あれは木製の人形だ。形を変えることなどできないはずだ。

恐る恐る近づき、じっくりと観察する。全く不自然ではない。まるで最初から座った人形だったと言わんばかりだ。

止めようか。もういいじゃない。これは人形なんだし。

「いや、ここまで来て止めるなんてなしだわ」
迷う気持ちを振り払うように自分に喝を入れ、小山さんは人形を持ち上げた。
小枝のような細い指だ。これを折れば分かる。
ああでも、折って悲鳴を上げたらどうしよう。
「何を考えてんのよ。これは人形。人形だから大丈夫」
指を掴みかけた小山さんは、あり得ないものを見つけてしまった。
指に爪が生えている。小さいが、間違いなく爪だ。最初見たときはなかった気がする。
更にあり得ないものがあった。頭髪が生えかけている。これは確かになかったはずだ。
目も鼻も口も、生きているかのようだ。
見ているうちに、瞼がピクピクと動いた。今にも開きそうだ。
小山さんは美智子を机に戻し、急いで部屋を出た。
あれは人形じゃないと認めるしかなかった。

それから三年が経つ。
今も美智子は小山さんの家にいる。
かなり成長し、三歳児ぐらいの大きさになっているという。

莉愛のお下がりの服を着た様子は、とても愛らしいそうだ。

「ね、我が家も家族愛に満ちているんですよ」

話し終えた小山さんは、自慢げに胸を張った。

バスタオルの子

武藤さんが暮らすマンションに、中沢という家族がいた。

奥さんの名前は尚子。三十過ぎの小柄な女性だ。この春までは妊婦だった。今も妊婦だ。正確に言うと、妊婦の真似をしている。

不幸にも、初めての子は死産だったらしい。

その死を受け入れられず、尚子は妊娠を続けることにした。

洋服の中に丸めたバスタオルを入れている。もう半年以上もそのままの姿だ。

夫は何とかして止めさせようと努力しているが、尚子は全く聞く耳を持たない。

前を向こうとしない妻に苛立ったのだろう、ある日のこと、夫は尚子を怒鳴りつけてしまった。

具合の悪いことに、その場所がエレベーターホールだった為、その内容は万人が知るところとなった。

「いい加減にしろよ！　僕達の子供は死んだんだよ、家に仏壇も位牌もあるだろ！　お前は妊娠なんかしてない、その腹はバスタオルが入ってるだけだ。妊娠してるってんなら、産めよ、産んでみろよ。もうとっくに予定日は過ぎてんだろうが。何なら今から産婦人科連れてってやろうか」

「死んでないーっ、死んでないの、ここにいるよ、嘘つき！　何でそんな酷いこと言うの」

泣き叫ぶ尚子を置いて、夫は出かけていった。

残った尚子は、子供のような泣き声を上げながら、部屋に戻っていった。

リアルタイムで騒ぎを聞いていた武藤さんは、尚子が可哀想だと思う反面、夫の気持ちも理解できたという。


その日の夕方、尚子は部屋から出てきた。

いつも通り、食材を買いに行くようだ。見かけた人達は、皆一様に驚いた。

尚子はおんぶ紐を身に着けていた。何かをおんぶしている。近づいて確認するまでもなく、その正体が分かった。

尚子は、筒状に丸めたバスタオルをおんぶしていた。

それ以外は、いつもと同じである。武藤さんも挨拶を交わした。

「こんにちは。雨、降らなくて良かったよね。洗濯物乾くわ」

いつもと同じ口調だ。

素敵な笑顔――いや、目が全く笑っていない。

「じゃあね、また」

歩き出した尚子は、すぐに立ち止まり、その場で身体を揺らし始めた。

「あらあらどうしたの、そんなに泣いて」

背中のバスタオルに話しかけている。

見ているのが辛くなり、武藤さんはその場を離れた。

その日から尚子は、彼女が言うところの我が子であるバスタオルを背負って暮らすようになった。

夫は何もせず、ただ黙って妻を見守るだけである。

それは優しさからというより、正気を失った者への恐怖からだということは、顔を見ればすぐに分かった。

バスタオルの我が子と暮らし始めて二週間後、夫は家を出ていった。

残された尚子に変化は見られない。いつも通りの生活を繰り返している。

さすがに哀れに思ったか、マンションの住民も普段と同じ対応を心掛けている。

優しいように見えて、本質的には残酷な日々が続く中、妙な噂が出回り始めた。

尚子のバスタオルが、時々泣き声を上げているという。

聞いた者の話によると、尚子と世間話をしていたとき、尚子の背中から赤ん坊の泣き声が聞こえてきたそうだ。

「あーよしよし、どうしたのかな？　お腹空いちゃったか」

尚子が背中のバスタオルに話しかけている間も、泣き声は続いている。

ということは、腹話術ではない。話しながら泣くなんて不可能だ。

その人は、気味が悪くなって早々に離脱した。

それからも同じような体験をする者が続出した。

マンションの自治会が緊急に開かれたが、誰一人として良いアイデアが浮かんでこない。

考えてみれば実害はないのである。怒鳴られた訳でもなく、暴力を振るう訳でもない。

ただ単に、バスタオルを背負って生活しているだけの可哀想な女性だ。

そのバスタオルが泣くのは、スマートフォンか何か仕込んで、泣き声を再生しているのだろうと結論が出た。

そこで無理にでも何か行動を起こしていれば、後の災いは防げたかもしれない。

尚子は自治会が開かれた翌日、マンションの自室から飛び降りた。

激しい衝突音に驚いた住民達が見に行くと、辺りは血の海であった。

尚子は頭部が割れ、既に息絶えているのは明らかだった。
「ママ……ママ」
何処からか子供の声が聞こえた。
血の海の中にバスタオルが転がっている。
いつも尚子が背負っていた赤ちゃんだ。
そのバスタオルが、尚子に向かってじりじりと動いている。
「ママ」
それはバスタオルから聞こえてきた。
バスタオルは尚子の手に触れた途端、大声で泣き出した。
その泣き声は救急車が到着し、尚子を連れていくまで続いた。
残されたバスタオルはいつの間にかなくなっていた。

自殺の理由は明らかにされていない。
最悪の結果だが、とりあえずこれでマンション住民は悩みから解放されたと思われた。
が、武藤さんは、それからしばらくして新居に引っ越した。
武藤さんだけでなく、殆どの人が引き払う予定だという。

当然と言えば当然だ。

血塗《まみ》れのバスタオルが、夜毎《よごと》母親を探して動き回るようなマンションで暮らしていける訳がない。

聖母

吉村さんが結婚したのは、今から十年前である。

相手は同じ会社の玲子さん。笑顔が素敵な女性だ。

朗らかで前向き、仕事も丁寧でミスがない。上司や同僚からの信頼も厚く、彼女を寿退社させる吉村さんは、かなり恨まれたほどだ。

その玲子さんが、最近になって妙な行動を取るようになった。おかしくなるのも無理はない。

目の前で、子供が大型トラックに撥ねられたのである。

それを考慮した上でも、玲子さんの行動は常軌を逸していた。

発端は、事故があった交差点に置いてあった人形だ。

不憫《ふびん》に思った誰かが供えたのだろう。その人形を見るなり、玲子さんは駆け寄って抱きしめた。

幾ら言い聞かせても放そうとしない。叱責しても宥《なだ》めても無駄だ。大声で泣き叫び、抵抗する玲子さんを見て、周辺の人は眉を顰《ひそ》めている。

これ以上、この場にいると面倒なことになる。吉村さんは玲子さんを抱きかかえるようにして自宅に連れ帰った。

玄関の土間に立ち尽くしたまま、玲子さんは人形の頭を撫で、何やら話しかけている。

「お帰り、痛かったでしょ、守ってやれなくてごめんね。これからはずっと一緒だよ、ミサちゃん」

生まれたばかりの赤ん坊でも触るように、優しく抱きしめている。

「玲子。おい、玲子。どうしたんだ、しっかりしてくれ」

やはり、何度呼びかけても無駄だ。こうなれば仕方がない。吉村さんは、玲子さんの頬を叩いた。

三度目で玲子さんの瞳に光が戻った。

「え。ここは……あなた、何してるの」

ようやく普段通りだ。玲子さんは、左頬の痛みに気付いたようだ。抱いていた人形を土間に落とし、頬を覆って顔を顰《しか》めている。

とりあえず、居間のソファーに寝かせた。濡れタオルを玲子さんの頬に当て、吉村さんは玄関に戻った。

人形を片付けておかねば、また何かおかしなことになるかもしれない。

ところが、それほど小さな物でもないのに、何処をどう探しても人形が見つからない。

おかしいな、確かに土間に落ちたのを見た気がするのだが。

首を傾げながら居間に戻った吉村さんは、思わず声を上げてしまった。

玲子さんの腕の中に人形がある。間違いなく先程の人形だ。

玲子さんは無意識に人形の頭を撫でている。

聞いたことのない子守歌を口ずさみながら、愛おしげに人形に頬ずりし、抱きしめ、キスをする。

「ミサちゃん、もう何処にも行かないでね。ずっとずっとママと遊ぼうね」

いい加減にしろ、目を覚ませ、気持ち悪い真似をするな。

怒鳴りつけ、先程と同じように頬を叩いても、玲子さんは止めようとしない。

時間が経てば経つほど、玲子さんの顔つきが変わっていく。

悪いほうにではない。元々、玲子さんは少し険しい目つきだった。

それが慈愛に満ちた優しい目になっている。我が子を見つめる母親の顔だ。

人形を取り上げようとすると、たちまち鬼の形相に変わる。

包丁を振り回して返せ戻せと暴れる為、迂闊《うかつ》に手を出せなくなってしまった。

人形を背負ってさえいれば、普通以上に家事をこなせる。

受診を提案しても無駄である。その必要はないと拒否される。事実、人形さえあれば生活に支障はないのだ。

今でも玲子さんは人形を背負いながら暮らしている。

吉村さんは、話の最後にこんなことを言った。

「でもね、玲子は妊娠したことがないんですよ。僕ら夫婦に子供なんていない。誰なんだよ、ミサってのは」

石田家の幸福

幸せな家族なんです。歪《いびつ》に見えるかもしれませんが。

そう呟いて、石田さんは目を伏せた。

石田さんは会社の飲み会で美月さんと出会った。

優しく微笑み、決して出しゃばらず、周りへの気配りに長《た》けた人。それが第一印象だ。

要するに、石田さんが大好きなタイプである。

思い切って声を掛けると、美月さんは微笑みを浮かべたまま、小首を傾げて見つめてきた。

間近で見ると、より一層好みの女性だ。何とかして付き合いたい。一目惚れの極みである。

石田さんは、これ以上の相手は二度と見つからないとまで思い詰めた。

自分でも驚くほど積極的に迫り、その場でデートの約束を取り付けた。

付き合い始めて三カ月後、石田さんは美月さんに結婚を申し込んだ。

美月さんは、今にも泣き出しそうな顔で頷いたという。

甘い夢のような新婚生活は、仕事の疲れを消し去り、明日への活力となった。おかげで石田さんは、同期の中で一番の営業成績を上げるようになり、最速で係長の椅子を手に入れた。

幸運の女神、美月さんは更なる幸運を呼んだ。妊娠が判明したのである。

美月さんに似た女の子は咲恵ちゃんと名付けられ、すくすくと元気に育っていった。お絵描きしながら、可愛らしい声で童謡を歌うのが大好きだ。

見ているだけで、心が癒《い》やされる。石田さんの幸せは増すばかりである。

だが、人生の幸と不幸は誰にでも等しく与えられるものだ。

その年最初の木枯らしが吹いた朝、それまでの幸福と選手交代した不幸が石田さんを襲った。

不幸は最も弱い存在——咲恵ちゃんを狙った。

咲恵ちゃんの様子がおかしくなったのは、四歳の誕生日を目前に控えた頃だった。

遊ぶのを嫌がるのである。どうやら、酷く疲れているようだ。

だるいとか、疲れたなどという語彙を持たない為、遊びたくないと主張したのであろう。
寝かせつけていた美月さんが、不安を露わにした顔で石田さんを手招いた。咲恵ちゃんの足が何となく腫れている気がするという。

「最近、足が痛いって言ってたし。病院行ったほうが良いかな」

素人があれこれ悩んでいても仕方ない。

眠る咲恵ちゃんを抱きかかえ、石田さんは病院へ向かった。当初、小児科で受診したのだが、詳しい検査が必要となった。

それも、ありとあらゆる検査である。一気に不安になったが、とにかく待つしかない。

検査の結果が判明するまでの間、二人はできるだけ普段通りに過ごそうと努力した。努力する時点で普段通りではないと気付いていたが、それには触れないようにした。

全ての検査結果が出揃い、二人は個室に案内された。

人の好さそうな担当医師が、穏やかに病状の説明を始めた。

これだけの検査が必要とされたからには、良い結果ではないだろう。それは覚悟していた。

だが、医師の説明は、その覚悟を粉々に打ち砕いた。聞いたことがない病名を告げられ、石田さんは困惑した。

いやいやいや、違うって。そんなのは映画やドラマだけの話だろ。
この医者が言っているのは、本当にうちの娘のことか。
その思いを知ってか知らずか、医師は淡々と話を続けている。
治療を進めていく際の方針と内容、これからの生活の進め方などを説明していく。
頭では理解できるのだが、どうにも納得できない。
何故うちの子がという言葉が延々と巡っている。
最後の最後に、医師は絶対に聞きたくなかった言葉を口にした。
「咲恵さんはステージ4、五年後の生存率は四十パーセントです」

今後の予定を立てた後、美月さんは咲恵ちゃんに付き添うことになった。
自宅に向かって車を走らせながら、石田さんはぶつぶつと呟き続けていた。
何だ、生存率って。生きるのは当たり前だろ。咲恵が死ぬというのか。
入院生活の用意をしている間も、ずっと独り言を言っている。
いつの間にか自分が怒鳴っていることに気付き、石田さんは苦笑した。
受付で聞いた病室に入ると、美月さんは咲恵ちゃんを見つめて静かに泣いていた。
咲恵ちゃんは、いつものような天使の寝顔を見せている。

「大丈夫かい」

美月さんは涙を拭いて、深々と頭を下げた。

「ごめんなさい」

それだけを言うのが、やっとのようだった。

その姿を見て、石田さんはようやく冷静になれた。

俺が頑張らなきゃ。どんなことをしても生存率四十パーセントの中に入るんだ。

とにかく前向きになる。希望を捨てない。一番辛いのは咲恵自身なんだ。

何度も自分に言い聞かせ、石田さんは頑張った。本当に頑張ったのだ。

だが、不幸はその努力を認めようとはしなかった。

五年を待たずに咲恵ちゃんは短い人生を終えた。

石田さんは一生分の涙を流し、大声で泣いたという。

美月さんは咲恵ちゃんの葬儀後、買い物以外は外出しなくなった。

心配する人も多かったが、石田さんはあまりの悲しみで引きこもりがちなのだと説明した。

真っ赤な嘘である。美月さんは極めて普通に生活していた。いつもの時間に起床し、朝食を三人分作り、洗濯と掃除を済ませる。

午前中は咲恵ちゃんを見守り、昼食後は食材の買い出しに出る。

咲恵ちゃんが一人遊びをしている間に晩御飯の下拵えを済ませ、こっそりと甘い物をつまんだりする。

咲恵ちゃんが飽きたように見えたら、絵本を読んだり、お気に入りの歌を歌ってあげる。

美月さんに似たせいか、とにかく咲恵ちゃんは歌が好きなのだ。

ちなみに、美月さんがおかしくなった訳ではない。

実のところ、石田さんにも咲恵ちゃんが見えている。

葬儀を終えて帰宅したら、咲恵ちゃんは生前と同じ姿で子供部屋にいた。

最初に見つけたのは美月さんだ。大声で呼ばれた石田さんは、愛しさと恐怖がせめぎ合い、僅かに出遅れた。

美月さんは違った。

何の躊躇《ためら》いもなく、歓声を上げて近づいたのだ。

だが、残念なことに咲恵ちゃんを抱きしめることはできなかった。

しかも咲恵ちゃんには、こちらが分からないようだ。

子供部屋からも出られないらしい。

とうとう泣き出してしまったが、どうにもしてあげられない。美月さんはそれを見ながら、共に泣いた。

そのときからずっと、咲恵ちゃんは子供部屋にいる。

美月さんも部屋に入り浸ってしまった。石田さんの説得には耳を貸そうともしない。

咲恵ちゃんに思いは届かないが、側にいるだけで良いのだという。

始まって十日目の夜、美月さんがようやく部屋から出てきた。

美月さんは、熱を帯びた目で石田さんを見つめて言った。

「ちょっと出かけてくる。ペットショップに行くだけだから、そんなに時間かからないわ」

一時間後、戻ってきた美月さんは小さな箱を持っていた。中には買ったばかりの子猫がいる。

小さい声でミィミィと鳴く子猫をそっと抱き上げ、美月さんは子供部屋に向かった。

「あなたには大切な役割があるのよ。咲恵と遊んであげて」

言うや否や、美月さんは子猫の首を捻った。子猫は少しだけ痙攣《けいれん》し、すぐに息絶えた。

次の瞬間、咲恵ちゃんは何かを見つけて駆け寄った。子猫だ。つい今しがた、美月さんに殺された子猫がいる。

咲恵ちゃんは子猫の前に座り込み、そっと膝の上に載せた。子猫は安心したのか、丸くなっている。

「やっぱり思った通りだわ。この部屋で死ぬと咲恵に届く」

美月さんは嬉しそうに笑った。咲恵ちゃんの葬儀後、初めて聞いた笑い声だった。


翌日から、美月さんは時折、公園で過ごすようになった。

咲恵ちゃんと同じぐらいの歳の子をじっと見つめている。

厭な想像しかできない。石田さんは厳しく戒め、公園の出入りそのものを禁じた。

それが間違いだった。美月さんは思い詰めた挙げ句、子供部屋で首を吊って自殺した。

足元に遺書らしきメモが転がっていた。

『子供には母親が必要です』とだけ書いてあった。

今現在、美月さんは日がな一日を咲恵ちゃんとともに子供部屋で過ごす。

石田さんには関心がないようだ。多分、見えないのかもしれない。

夕飯の時間になると、石田さんは子供部屋のドアを開け、廊下でコンビニ弁当を広げる。

美月さんと咲恵ちゃんが楽しげに遊ぶのを眺めながら、もそもそと飯を食う。

自分もそちら側に行きたいが、主がいなくなれば家は売られてしまうだろう。

二人を守る為には、我慢しなければならない。

「本当に、本当に幸せな家族なんですよ」

石田さんはもう一度、自分に言い聞かせるように呟いた。

欲しがる神様

竹下さんの新居は、古くからある住宅街に建っている。

辺りを睥睨《へいげい》するような新築のマンションだ。

町の住民達は、殆どが高齢者だ。家も昔ながらの日本家屋ばかりである。

最近になって、少しずつだが再開発が始まった。

再開発と掲げられているが、商業施設や学校が建つ訳ではない。

実際は、無計画に宅地を造成しているだけだ。

そんな中、とりあえずといった感じでマンションが建てられた。

当然ながら、交通の便も住環境も良いとは言えない。

その点を考慮し、一般的な価格よりも安く提供されたおかげで、竹下さんは念願のマイホームを入手できたのである。

竹下さんの部屋は四階。今現在、入居者は一桁に留まっている為、四階は竹下さんしかいない。

マンションの自治組合はできあがっておらず、入居者同士が協力して何かをするということはない。

必要以上の人付き合いが苦手な竹下さんにとって、快適この上ない環境であった。

奥さんの和江さんは、竹下さんと真逆の性格だ。旺盛な好奇心をエンジンに持つ、人付き合いの天才である。

見知らぬ人は勿論、言葉が通じない外国人とでも、すぐに仲良くなる。

少々剣呑な相手でも臆せず話しかけ、いつの間にか笑顔で会話が始まっている。

そんな和江さんにとって、近くに話し相手がいない状況は暇で仕方がなかったのだろう。

私はこの町を隅から隅まで知り尽くすと宣言した。

その宣言通り、たちまち何人かの老人と茶飲み友達になり、様々な情報を仕入れてきた。

激安のスーパー、腕の良い歯医者、餃子の美味い店等々、暮らしに役立つネタばかりだ。

土地に関する情報もある。ちなみに、このマンションが建つ土地だが、以前は大きな池があったらしい。

色々と集めた中に、今すぐにでも実物を確認したくなる情報があった。

神様が住んでいる家があるというのだ。

建物自体は、何処にでもある和風建築の平屋だが、門柱があるべき場所に鳥居が建っているらしい。

興味を覚えた和江さんは、更に突っ込んで訊いた。

ところが、それまで機嫌良く喋っていた老人達は、何故か話題を変えようとする。

実際に見たほうが早いと勧める人もいれば、関わらないほうが良いと警告する人もいる。

比率にすると三対七で、関わるなの勝ちだ。

と、ここまで話して和江さんは竹下さんに訊いた。

「ね、どう思う？　確実に何かあるわよね」

瞳がキラキラと輝いている。こうなったときの和江さんは、何を言っても止まらない。

まあできるだけ気を付けてねと送り出すしかなかった。

恐らく、少しおかしな言動をする人なのかもな。その程度なら軽く捌《さば》いてしまうだろう。

どうかすると、仲良くなってしまうかもしれない。

「そっちのほうが心配だな」

独り言をこぼし、竹下さんは仕事に出かけた。


その夜、竹下さんが帰宅した途端、和江さんが怒涛の如く話し始めた。

凄いのよ、本当に神様だったのよ、ああどうしよう私、神様に会っちゃった、などと言葉が止まらない。

「分かった分かった。とりあえず座らせて」

食卓に着いた竹下さんを見て、我に返ったように和江さんが静かになった。きょとんとした顔で竹下さんを見つめている。

「あれ？　いつ帰ったの」

何だそれはと苦笑しつつ、話の先を促した。

「話？　何の？」

「いや、さっきまで話してたでしょ。町内の神様の話。会ってきたんだろ」

「神様。何それ。あれ？　私、夕飯作ってないじゃん。何してたんだろ。ごめんね、すぐできるから」

和江さんは、あたふたと料理を始めた。釈然としない気持ちを抱え、竹下さんは風呂に向かった。

浴槽に浸かりながら、さっきの和江さんの様子を振り返ってみる。

分かった。あいつ、引っかけやがったな。くそ、勢いに押されてしまった。

今頃ニヤニヤと笑ってるに違いない。どうやってやり返してやろう。

いっそ、神様の話題に触れずにおこう。そうだ、それが良い。

竹下さんは何げない体を装い、食卓に戻った。

食事中の和江さんは普段通りの様子で、その日あったことを話し始めた。

どうやら、御近所の井戸端会議の常連にまで出世しているらしい。和江さんは、町内の人間関係を深いところまで把握し始めていた。

小倉家の娘はホストに入れあげた挙げ句、親の金を勝手に使い込んだ。大山さんは旦那さんがリストラ寸前。田崎の息子は万引きで補導された。

いずれも食卓を飾るには相応しくない話ばかりだ。

何故そんな話題ばかりと考えるまでもない。井戸端会議で盛り上がるのは、他人の幸せよりも不幸である。

和江さんが仕入れてくる話に不幸が多くなるのは当然だ。

それは分かっているが、もう少し明るい話題はないものか。

そうお願いすると、和江さんはピタリと会話を止め、ぼんやりと宙を見つめた。

「和江。和江？　どうした」

次の瞬間、和江さんは竹下さんをじっと見つめて言った。

「私、お母さんになるの」

「え。嘘。できたの？　何だよ、先に言ってよ」

突然の嬉しい報告に、竹下さんは躍り上がって歓声を上げた。

和江さんを抱きしめ、感謝の言葉を告げる。

和江さんは竹下さんの耳元で、こんなことを言った。

「このマンション、もうすぐ溢れるよ。疲れたから先に休むね」

どういう意味か訊ねる竹下さんを置き去りにして、和江さんは寝室に入っていった。

所々おかしい様子が気にはなるが、子供ができた嬉しさが全て消し去ってしまったという。


翌朝、和江さんはいつも通りに朝食を用意し、竹下さんを送り出した。

今日は一日、病院に行く以外おとなしくしているらしい。

エレベーターホールに向かう途中、竹下さんは人の気配を感じた。足音、囁き声、くすくすと笑う声なども聞こえた気がする。

立ち止まり、辺りを見渡したが、いるのは自分一人である。廊下の奥が何となく暗く見える。

気のせいだろうと歩き出す。

また聞こえた。今度は明らかに人の声だ。ひそひそと会話を交わしているのは分かるが、何処から聞こえてくるのか見当が付かない。

一言だけハッキリと意味が分かった。男がこう言った。

「後は赤ん坊だけだね」

不思議と耳に心地良い声だった。

エレベーターを降り、マンションを出て駅のほうに向かっている途中で、竹下さんは急激に不安になってきた。

今さっきのは、いわゆる霊体験という奴か。

放置しても大丈夫なものだろうか。和江に何かあるのでは。

戻ろうか。いや、休んでどうする。あれが何か分かるまで、ずっと休むつもりか。和江に何と言う。

散々迷った挙げ句の妥協案は〈とりあえず無事を確認する〉であった。

取り出したスマートフォンに、タイミングを計ったかのように和江さんからメールが届いた。

『帰りに牛乳買ってきてー』

思わず微笑んでしまう。現金なもので、途端に不安が解消された。

朝っぱらから何を不安になってたんだろう。自分に呆れながら、竹下さんは会社に急いだ。

その日の夕方、牛乳を買って帰る途中、竹下さんはマンションの前で初老の女性に呼び止められた。

女性は、和江さんの知り合いだと名乗り、少し話をしても良いかと訊いてきた。

井戸端会議のメンバーだと判断し、竹下さんは笑顔で受け入れた。女性は駐輪場の隅に場所を移し、何度も辺りを見渡している。

執拗《しつよう》に誰もいないのを確認した後、話し始めた。

何を言ってるのか分からないだろうけど、和江さんは神様に魅入られてしまった。

ごめんなさい、本当に申し訳ない。止めたかったのだけど、あの神様の信者が多くてどうにもならなかった。

こうやって話しているのも駄目なんだけど、和江さんが可哀想で。

できるだけ早く、遠くに引っ越したほうがいい。

このマンション、もうすぐ溢れるから。

それだけ話して急いで立ち去ろうとする。

「いや、あの、和江が魅入られたって何のことですか。マンションが溢れるってどういうことですか」

必死で呼び止めたのだが、女性は小走りで逃げ出し、自宅に飛び込んで鍵を掛けた。後に残された竹下さんは、呆然とその姿を見送るしかなかった。少し先の家の窓に人影がある。こちらを見ているようだったが、すっと中に隠れてしまった。

竹下さんは立ち尽くしたまま、マンションを見上げた。今朝の出来事が頭に浮かぶ。とにかくこのまま立っている訳にはいかない。のろのろと玄関に向かう。

マンションの中に入った途端、今朝感じたものと同じ気配に包まれた。いや、今朝よりも数倍濃い気がする。

頭を振って不安を払いのけ、竹下さんはエレベーターに急いだ。

下りてくる間にも、気配はどんどん濃くなっていく。ふと、重要なことに気が付いた。今朝は四階で気配を感じたはずだ。それが一階にまで広がっている。

このマンション、もうすぐ溢れるから。

そういう意味なのか。だとしても、一体これは何の気配なのだ。不安に駆られ、急ぎ足でエレベーターに乗り込み、四階を目指す。

四階でドアが開いた途端、むせ返るように濃厚な気配が流れ込んできた。

今朝は、何となく人の気配がしていただけだった。今は気配どころではない。

雑踏の中を歩いているようだ。高らかに笑う者もいれば、大声で叫ぶ者もいる。

霊感が強い人なら、霊の団体が見えるのかもしれない。

そのぐらい濃厚な気配の中を竹下さんは部屋に向かった。和江さんが心配でならない。

玄関のドアを開け、靴を脱ぎすて、台所に走る。

和江さんが振り向いた。揚げ物の最中だったらしく、菜箸を持っている。

「なになに、そんなにお腹空いてるの」

いつもの笑顔だ。特に変わった様子は見られない。そんな当たり前のことが何だかとても嬉しくて、竹下さんは泣きそうになった。

「もう少しでできあがるから、先にお風呂済ませといて」

駐輪場で聞いた話、マンションに満ちる気配、色々と確かめなくてはならないことばかりだが、とりあえずここはまだ大丈夫だ。

湯舟に浸かり、ゆっくりと身体を温めたおかげで、かなり気持ちが落ち着いた。

食卓には料理とビールが並べてある。乾杯し、唐揚げを味わう。さて、何から話そう。

和江さんは、例によって町内の話題を並べ始めた。

「小倉さんは娘を捧げて無事に入信できたんだって。大山さんは旦那さんだけじゃ駄目だって言われて、孫も使うみたい。田崎さんは息子が抵抗してるけど、そろそろ大丈夫だと思う」

何を言ってるのだろう。入信って何だ。娘を捧げるってどういうことだ。

困惑する竹下さんを無視して、和江さんは尚も楽しげに話している。

「罪の重さと年齢と性別がポイントなのよね。うちはどうかなぁ、一人で足りると良いんだけど」

「なあ和江」

「大丈夫よね、きっと。私、神様のお気に入りだし」

「和江ってば。おい、聞けよ」

「そうだ。あのね、このマンション、もう溢れたから。夜中は出歩かないでね」

我慢できなくなった竹下さんは、立ち上がって和江さんの肩を強く掴んだ。

「さっきから何を言ってるんだ。何だよ、マンションが溢れるって」

和江さんは、感情を全て消した顔で竹下さんを見上げて言った。

「ヒント。このマンションが建っている場所」

ふざけている様子はない。戸惑う竹下さんを振り払い、和江さんは玄関のドアを開けた。

たちまち、濃厚な気配が次々に切れ目なく入り込んできた。部屋のあちこちでざわめきが起こる。

強烈な圧迫感で押し潰されそうだ。和江さんは、息も絶え絶えの竹下さんに優しく微笑みかけて言った。

「ここにおられる全員、神様の信者様よ。百年以上前からの人もおられる。ずっと神様の家にいらっしゃったんだけど、もっと広い場所を探しておられたの。ここ、池を埋め立てたから、凄く良い場所になったって喜んでらしたわ」

その言葉を聞きながら、いつの間にか竹下さんは失神していたという。

気が付いたとき、部屋はいつも通りの静けさを取り戻していた。

洗い物を終えた和江さんが、手を拭きながら現れた。

「残った唐揚げ、お弁当に持ってく？」

唖然とした表情で固まっている竹下さんの頭を撫で、和江さんは静かに言った。

「大丈夫。全て受け入れたら上手くいくから」

その瞬間、今まで感じたことがない平穏な気持ちに満たされ、竹下さんは泣いてしまったそうだ。

その年の冬、和江さんは女の子を生んだ。

名前はない。

出生届は、死亡届と並べて提出された。

竹下さんは、我が子を一度だけ抱くことができた。

和江さんいわく、神様に嫁入りしたようなものだから、親としては誇りに思わねばならないそうだ。


簡単な葬儀を終えた後、竹下さんは和江さんに連れられて神様の家に行った。

ごく普通の日本家屋だ。門柱の代わりに鳥居が立っていなかったら、その辺りにある家と見分けが付かないだろう。

禿げ頭をてらてらと光らせ、神様はニヤニヤと笑いながら現れた。ぶくぶくと肥え太った中年男性だ。

「良い捧げ物でした。あなたと、あなたの御家族は永遠に救われます」

甲高い声でそう言って、神様は和江さんの手を握った。

和江さんは感極まったらしく、声を上げて泣き出した。

何だこれは。俺は何を見せられているんだ。
胸の中ではそう思いながら、竹下さんは和江さんとともに泣いたという。
マンションは、竹下さん以外の住人は全て引っ越していったが、とても賑やかだ。
和江さんは二人目の子を欲しがっている。
神様は、一人では物足りないらしい。

入り口の子

「何か怖い話？　うーん、そうだなぁ。怖いかどうか分からんけど。半年前に家を建てたんだよ」

田上さんは、懐かしそうに話し始めた。

開発中の郊外の宅地でね、自然環境は抜群に良い。広い庭から見える山は、季節になると紅葉が綺麗なんだ。

その庭の上を人魂が通るんだ。最初に見つけたのは息子の雄太でね、引っ越した日の夜だったな。

その当時は周りに家が少なくて、星空が鮮明に見えてた。雄太は天体望遠鏡で星を見ていたんだが、突然大きな声で僕を呼んで。

おとうさーん、早く早く！　光ってる！　って。行ってみると、あれ見てあれ！　って。

そしたらそこに飛んでたんだよ、人魂が。

燃えてる感じじゃなかったな、ぼわぁっと光る感じだ。怖いというよりは、不思議だったな。

結構高い位置にいた。二階の屋根辺りだったから、五メートルぐらいの高さをゆっくりとふわーって横切って、山のほうへ向かっていく。

山の中腹辺りに大きな岩が見えてるんだけど、その岩を目指してるようだったな。

これまた不思議なことに、俺と雄太には見えるんだけど、嫁さんには見えないんだよ。


人魂、もしくは火の玉とも言うが、厳密に言うと両者は違う。人魂は、文字通り人の魂が形になったもの。火の玉は狐火などもある。

田上さんは、庭を通り過ぎる光を人魂だと断言した。

「だって、顔が付いてるから。大きいのも小さいのもあるけど、全部に人の顔が付いてるんだよ。きっちりと鼻も出てるし、瞬きもしてた。人の顔が付いてるんだから人魂だよ」


それからも人魂は、庭を通り過ぎて山に向かったという。

田上さんは、興味津々の雄太君とともに、じっくりと腰を据えて観察することにした。

まず分かったのは、この近所で誰も死んでいない日でも飛んでいるということ。

殆ど毎晩のように飛んでいく。稀に一つも飛ばない日もある。そうかと思えば、五つも六つも飛ぶこともある。

答えに辿り着いたのは雄太君のほうだった。何か参考になるかもと、怪談の本を読んでいて気付いたそうだ。

「お父さん、あれはきっと霊道って奴だよ。飛んできた方向に火葬場があるでしょ。そこから山まで直線を引くと、丁度僕らの家の庭を通るんだ」

その本には、亡くなった人が成仏する為に通る道と書いてあった。比較的、高い場所を通るとも書いてある。

一本だけではなく、結構な数があるらしい。

田上さんは、集まった支流が本流になって海へ向かうイメージを思い浮かべたという。その本流が目指すゴール地点、それがあの山、霊界への入り口があの岩なんだろう。そこから先はあの世という海が広がっている訳だ。

分かってしまえば、気にならなくなった。

録画して、ネットに上げようかとも思ったが、そんなことをすれば、近辺に野次馬が溢れてしまう。

中にはろくでもない連中がいるかもしれない。穏やかな生活が荒らされるのは目に見えている。

田上さんは、そっとしておくことに決めた。いつの間にかそれは日常の風景となり、雄太君も飽きて見なくなった。

当然だ。子供なら他に楽しいことは沢山ある。


今になって状況に変化が訪れた。

ゴール地点であるはずの山、これが宅地開発の的になってしまった。

斜面が削り取られ、しっかりと固められ、あの岩は粉々に砕かれた。

そこはあの世の入り口だから止めてほしい。などと言えるはずもない。田上さんは黙って見守るしかなかったという。

「ねぇ。お父さん。行くところがなくなったら、あの人魂達はどうするんだろ？」

言われて気付いた田上さんと雄太君は、久しぶりに観察を始めた。幸いというか何というか、その夜は五、六個の人魂が通り過ぎていった。

「行ったね」

「そうだな。さてと」

田上さんは、双眼鏡を持ってきた。会社の同僚から借りたもので、バードウォッチング用の本格的なものだ。

雄太の天体望遠鏡では、速く移動する物体を追うのは難しい。

岩があった付近を見た。双眼鏡越しという点が不安だったが、変わらずハッキリと見えている。

人魂は右往左往していた。

「迷ってるみたいだな」

「見せて、お父さん」

双眼鏡を覗き込んでいた雄太君が、声を漏らした。

「こっちに来る」

田上さんも目視で確認できた。

確かに人魂の群れがこちらに向かってきている。

「出発点に戻るのかな。戻ってどうすんだろ。何も残ってないのに」

疑問を並べながら、雄太君は双眼鏡を覗き続けている。

「うわー、顔がハッキリ見える!」

庭まで残り二十メートルほどで、雄太君が小さな悲鳴を上げた。

「目が合った」

そう言った途端、先頭にいた人魂が、すーっと近付いてきて雄太君の身体に激突し、そのまま消えてしまった。

「え。どういうこと」

慌てる田上さんの目の前で、飛んでいた人魂が次々に雄太君の身体に入っていく。で、全部消えた。

雄太君はきょとんとした様子で、自分の胸を見ている。どうやら、身体には異常がないようだ。

「雄太！　何処か痛いとか苦しいとかないか」

「ううん、全然。いつもと同じ」

しばらく様子を見たが、何も起こりそうにない。

とりあえず雄太君を布団に寝かせ、田上さんは朝まで寝ずに側にいたという。

雄太君は朝まで熟睡し、爽やかに目覚めた。依然として、身体に異状は見当たらない。

人魂が入ったのは、その日だけであった。

翌日から、人魂は全く見かけなくなった。

「多分ですけど、違うルートがあるんでしょうね。そういった仕組みになっているんじゃないかなぁ」

このときは呑気に話していた田上さんだったが、つい先日、状況に変化があったと連絡を受けた。

夕食中、雄太君が何故か急に顔を顰めた。次の瞬間、嘔吐が始まった。食べ物の後に、大量の人魂が溢れてきた。

吐くだけ吐いて、雄太君はそのまま床に倒れた。その口から最後に一つ、人魂が抜け出した。

雄太君によく似た顔だったという。

雄太君は意識が戻らないまま、亡くなってしまった。

「あの日、息子には入り口が開いてしまった。そのままにしてたら駄目だったんだ」

人魂からすれば、あの世への入り口が歩いているようなものだ。

正面なら避けようもあるが、背後から入られたらどうしようもない。

入ったは良いが、残念なことに雄太君は単なる穴だ。出口がない。

そうやって日常生活の中で入り込んだ人魂達が、いつの間にか大量に蓄積していたのだろう。

「限界を超えてしまったんでしょう。もっと早く気付くべきだった。気付いてもどうしようもなかっただろうけど」

折角建てた家だが、田上さんは近日中に売り払うそうだ。
自然の風景が全く見えない都会に引っ越すという。

夢の新婚生活

真由美さんは、三年前に離婚した。

それ以来ずっと独身を貫いている。

友人達は口を揃えて、まだ三十代前なのに勿体《もったい》ないと言う。見合いでも何でもやれば、すぐに相手が見つかるはずだと他人事《ひとごと》なのに悔しそうだ。

縁がなかった訳ではない。むしろ、積極的にアタックしてくる男性のほうが多い。

よりどりみどりとまでは行かないが、選択肢は豊富にあった。

その全てを拒否する理由はただ一つ。

夫から受けていた暴力である。これで真由美さんは男性に恐怖心を抱くようになった。

付き合う前は優しい人だった。会話も面白いし、気配りもできる。

この人と出会う為に生きてきたと、本気で思ったぐらいだ。

が、それら全ては、上辺だけ取り繕った空虚な代物だったのだ。

結婚生活が始まって数週間で、金メッキが剥がれ出した。

とにかく口より先に手が出る男だった。

真由美さんは、常に生傷と痣が絶えない毎日を過ごしていた。

離婚したいと打ち明けたときの凶暴さは、思い出す度に身体が震えてしまうという。


そんな真由美さんだから、日常生活でも自然と男性を恐れてしまう。

まず、相手の目を見て話せない。声が大きい男性だと、身体が竦《すく》んでしまう。身体が大きい男性には、そもそも近づけない。

自分でもどうにかしなければと思うのだが、細胞の一つ一つに恐怖が染み込んでいるから、どうしようもない。

辛うじて目を見て話せる相手は、近所の花屋の青年ぐらいなものであった。

物腰が女性的で、おっとりした口調も安心できる。

冗談を交わせるぐらい、気の置けない相手だった。

この人となら夫婦になれるかも。

そこまで思えた相手だったのだが、縁結びの神様は意地が悪い。

青年は、身体を壊して田舎に帰ることになったのだ。

それを聞いた真由美さんは、思わず涙をこぼしてしまったという。

悲しい別れから半年程過ぎた頃、見知らぬ女性が真由美さんの部屋を訪ねてきた。

六十代ぐらいの小柄な女性である。何となく見覚えはあるのだが、ハッキリとは思い出せない。

荻野雅子と名乗った女性は、持っていた鞄から写真を一枚取り出した。

名前を聞いて、もしやと思い、写真を見て確信した。

あの花屋の青年だ。

雅子さんは、その母親だという。だから見覚えがあったのだろう。

そうそう、確かに荻野さんだ。名札付けてたっけ。母親似なんだな。

懐かしさで胸が熱くなる真由美さんに、母親が思いがけないことを言った。

一度、息子に会いに来てほしいと言うのだ。

雅子さんは今にも泣き出しそうな顔で、理由を話し始めた。


青年の名前は、荻野達也。二十八歳になったばかりだ。

子供の頃から花や木が好きで、将来は花屋になるのが夢だった。

花屋で働いていたのも、知識と技術の習得が目的である。

それは半ば成功したかに見えた。

自らが悪性の腫瘍に侵されていると知ったのは、自分の店用の物件を見にいった翌日だった。

「今、息子は必死に生きようとしています。ただ、私一人では力が足りなくて。お願いです、あなたの力を貸してもらえませんか」

真由美さんは達也さんの写真を見つめた。

この人のおかげで、私は笑えた。それだけでも助ける理由になる。

真由美さんは顔を上げ、雅子さんに言った。

「勿論です。ありったけの力を贈らせてください」

雅子さんは、ずっと堪えていたのだろう。静かに泣き始めた。

一旦流れ出した涙は、なかなか止まろうとしなかった。

次の週末に迎えに来ると約束し、雅子さんは何度も振り返り、頭を下げては帰っていった。

真由美さんは、どうやって励まそうと思案を巡らせながら、その日を待った。

だが、それでは遅かったのだ。

土曜日の朝、明るい日差しの中で達也さんは息を引き取った。

真由美さんの到着まで、残り僅か二十分だったという。

しばらくぶりに見た達也さんは、見る影もなく痩せ衰えていた。

微かに笑みを浮かべた死に顔に、真由美さんは泣きながら手を合わせた。

「間に合わなくてごめんね、達也さん」

そう言った瞬間、横にいた雅子さんが真由美さんに向かって土下座をした。

「お願いします、どうかお願いします、息子と添い寝してください」

必死で頼み始めた。驚いているのは真由美さんだけである。その場にいた者は全員、悲痛な面持ちで頷いている。

一緒になって土下座する者もいる。

遺体と添い寝なんてできる訳がない。何とか勘弁してもらおうと言葉を尽くしたが、誰一人として聞く耳を持たない。

それどころか、全員が口々に言い始めた。

「頼む、そういう決まりなんだよ」

「このままだと達也が迷ってしまう」

「成仏させてやってくれ」

「あんたのことを好きで好きでたまらんかったそうだ」

「結婚してあげて」

「花嫁になってちょうだい」

到底、断り切れる雰囲気ではなかった。下手をすると帰してくれないかもしれない。

真由美さんは覚悟を決め、頷いた。

途端に歓声が沸く。

「おめでとう」

「御結婚おめでとうございます」

「達也君、良かったな」

雅子さんが嗚咽《おえつ》しながら布団を捲り、真由美さんを手招いた。

痩せ細った遺体が露わになった。じたばたしても仕方がない。真由美さんは思い切って、遺体の横に寝た。

雅子さんが何処からか赤い布を持ってきて、真由美さんと遺体を覆った。

「婚姻の儀、ここに無事成り立ちました」

雅子さんが高らかにそう宣言すると、全員がそれに応じた。

「いやさかに」

厳かな悪夢は、それでようやく終わりを告げた。

代わりに、通夜の最中とは思えない程の宴が始まった。雅子さんが嬉しそうに酒を注いで回っている。

真由美さんの前には豪華な料理が次々に運ばれてきた。

隣は空席なのだが、そこにも同じ料理が並べられる。

これはどう見ても披露宴であった。真由美さんが座っているのは、新郎新婦の席だ。

次々に祝辞が述べられていく。歌を歌う者もいる。思い出を語って泣く者、余興でふざける者。

新郎が死んでいることを除けば、ごく普通の良い披露宴である。

宴は二時間以上続き、真由美さんが解放されたのは日が変わってからのことであった。

ゆっくりしていってほしいと言われたが丁寧に断り、始発に間に合うように家を出た。

止められるかと思ったが、意外にあっさりと見送ってくれた。

帰宅後、玄関に座り込んだまま、真由美さんは起こったことを反芻《はんすう》した。

田舎の風習で片付けるには、あまりにも異様な出来事だ。

婚姻の儀が成り立ったと言われたが、社会的に認められる訳がない。

当然、結婚届も出せないし、実際のところは何一つ変わっていないのだ。

達也さんは今頃、墓の下だ。私は私で生きていく。

それだけのこと。

何とか自分を納得させることができた。真由美さんは、とりあえず風呂に向かった。

何となく穢《けが》れている気がして、いつもより念入りに洗う。

人心地ついた途端、眠気が襲ってきた。

倒れ込むようにベッドに横になる。あっという間に眠ってしまっていた。


夢の中で真由美さんは、達也さんの家にいた。

起きてきた達也さんに優しく声を掛けた。

「おはよう、お寝坊さんね」

「ごめんごめん、うん、良い匂いだ。コーヒー変えた？」

「当たり。さすがコーヒーマニアね」

何だこの会話は。私、何でこんな幸せそうなんだ。これじゃまるで新婚家庭じゃないか。

そこで目が覚めた。

ハッキリと思い出せる夢だった。あまりにも現実的で、達也さんがいるのではないかと周りを見渡したぐらいだ。

結婚願望と異様な体験が結びついただけだろう。体力が戻って、いつもの生活が始まったら見なくなる夢だ。

そう分析した真由美さんだが、それは間違っていた。

眠ると必ず同じような夢を見るようになったのだ。

甘く楽しい新婚生活だ。優しい夫と素敵な時間を過ごす。達也さんは今までの男と違って、私を心から愛してくれる。

ああ達也さん、愛してる、大好き、いつまでも一緒に――、

「待て。待て待て待て、私」

毎回、大声を出して目が覚める。どう考えてもおかしいだろうと冷静な自分が止めてくれる。

粘っこい汗を手で拭いながら、真由美さんは自分を取り戻すのに必死になる。

それが、ここ最近のモーニングルーティンと化している。

「これ、ヤバいんじゃないかな。もしかしたら、夢のほうが勝ってしまうかも」

口に出したら、いきなり物凄く怖くなってしまった。

どうすれば夢を見なくなるか、手当たり次第に探してみた。そんな方法はないと結論が出るまでに、それほど時間は掛からなかった。

気にし過ぎなのかもしれない。夢は夢でしかないし、現実に勝てる訳がない。

夢が現実を侵食するなんて、それこそ夢のような話だ。

自分に何度も言い聞かせるのだが、眠る度に始まる甘い新婚生活のほうが現実より遥かに素敵なのは確かだった。

必死で逆らう日々が続いた。


夢を見始めてから、丁度一カ月目の夜。

真由美さんは険しい顔つきでベッドに横たわった。

「今夜こそは対決してみせる」

眠る寸前まで、心に刻み込むように何度も口ずさんだ甲斐があった。

いつもの新婚生活を冷静に見つめる自分がいる。

よし、いける。

いつものように達也さん、いや待て、達也で良い。さん付けなんてする必要がない。そこから変えなきゃ。

自分の心に注意できていることに満足しながら、夢は続いていった。

「おはよう。あれ、どうしたの真由美。怖い顔してる」

「……あなた、誰ですか」

「え、本当にどうしたの。僕だよ、達也だよ」

「それは知ってます。何で毎晩、私の夢に出てくるんですか。何で私達結婚してることになってるんですか」

「だって僕らは夫婦だよ」

「違う。夫婦なんかじゃない。あんた死人じゃん」

言えた。そう、これが言いたかったんだ。いいぞ私。

夢の中の自分に声援を送った途端、達也の様子が変わった。

笑顔のままなのだが、その質が違う。ニコニコではなく、にたにた。とても黒い笑顔だ。

「酷いなぁ真由美。そんな酷いことを言う口はこれかな」

そう言って、達也はいきなり真由美さんの顔を殴った。鼻から下が殴られ、後ろに吹っ飛んでしまった。

さすがに夢だから痛みはない。殴られた感触があるだけだ。

「僕らは夫婦なんだよ。あの日約束したじゃないか」

今度は腹を蹴られた。執拗に何度も何度も蹴ってくる。それなのに痛みがない。そのほうが気持ち悪い。

「さ、ごめんなさいは。謝れよ。早く。謝れ」
髪の毛を掴んで引きずり回される。
目覚まし時計が鳴らなければ、永遠に続いていたかもしれない。
真由美さんは泣きながら目を覚ました。
この日、真由美さんの望み通り、甘く楽しい新婚生活は終わった。
その代わり、夫の暴力に怯える生活が始まった。
現実とは違い、何処にも逃げられない。
死んでも逃げられない。
手の打ちようがないのだ。
「今でも続いてます。何か良い方法があったら教えてほしい」
話し終えた真由美さんから懇願された。
頑張って考えているのだが、今のところ何一つ思い浮かばない。

完璧なお供え

早苗さんは毎年、盆と正月を実家で過ごしていた。新婚当初からの習慣だ。

遠方で一人暮らしの母は、あまり身体が強くない。できれば毎月、里帰りしたい気持ちはあるが、様々な事情がそれを許さない。

最大の理由は義母だ。優しそうに見えて、言葉の端々に小さな棘《とげ》がある。本人は何とも思っていないから、余計に質が悪い。

夫から盆と正月の里帰りを勧められたときは、こんなことを言われた。

「そうよ早苗さん。いつお別れが来るか分からないんだから、今のうちに親孝行しとかなきゃ」

これには、さすがに腹が立った。罵声を堪えるのに必死だったという。

昔からああいう人間だから、一々注意していたらきりがないんだよ。

そう言って、夫が頭を下げてくれた。

今年から、里帰りは不要になった。

母は孫の顔を見ることなく、父の元に逝ってしまったのだ。

火葬が終わるのを待ちながら、早苗さんはぼんやりと椅子に座っていた。

苦労を掛けてしまった、せめて孫を抱かせてあげたかった。

後悔が堂々巡りしてしまう。とりあえず今だけは、しっかりしなければ。泣くのは全て終わってからにしよう。

待合室へ戻る前に洗面所に立ち寄った。今しも義母が出ようとしている。

すれ違いざま、義母は微笑みながら言った。

「そうだ、お母様の初盆もこっちでやんなさいよ。そしたら、うちのお盆の手伝いもできるから一石二鳥よ」

何だこの人は。それは今、言わなければならないことか。母親を亡くしたばかりの義娘に掛ける言葉なのか。

自分が快適なら、他はどうでもいい訳だ。

これはもう病気だな。腹を立ててるだけこっちが損をする。

早苗さんは、怒りよりも哀れみを感じたという。

よし分かった。こうなったら、きっちりと完璧な仕事をしてやる。

早苗さんは気合いを入れ、まずは地域のお盆のやり方を調べ始めた。

幸いにも、義父の初盆の写真が残っていた。参考資料には十分だ。

仏壇の前に大きな台が設置され、お供え物が所狭しと並べてある。かなり本格的だ。

早苗さんの家では、ここまでの用意をしたことがない。何を何の為に供えるか、まるで分からない。

ネットで検索しながら、一つ一つ確認していく。

なるほど、盆棚というのか。精霊棚ともいう、と。この家のは三段の棚だ。

十二日の内に飾りの準備を済ませ、十二日の夕方から十三日の朝までに飾り付けを終える。

「一式レンタルもあるのね。楽でいいけど、あの婆は渋い顔するだろうな」

早苗さんは、誘惑を振り払って検索を続けた。

用意するものは素麺、昆布、ほおずき、生花、精霊馬、水の子、禊萩《みそはぎ》の花、夏野菜や果物、真菰《まこも》、真菰縄。

それぞれのお供え物に意味があるようだ。

「あれ？　これとこれがないわね」

禊萩の花と水の子が見当たらない。玄関先に置く場合も多いと記載されている為、当日の写真を改めて探した。

玄関の写真は三枚見つかった。白い盆提灯が吊られている。別角度からの全体像も写っていたが、水の子らしき物は見当たらない。

そもそも何の為にやるものか調べてみる。

先祖は、家に戻れない無縁仏や餓鬼も連れて帰ってくる。その為のお供えが水の子である。

水の実ともいい、茄子や胡瓜《きゅうり》を賽の目に刻んで供える。また、禊萩の花は、供養する餓鬼の喉の渇きを抑える効果があるとされる。

なるほど、理解も納得もした。自分の利益を最優先する義母が、無縁仏や餓鬼に何かを用意するなんてあり得ない。

ならば私は、それも含めて完璧にやってやろう。

目標ができた早苗さんは、手ぐすね引いてお盆を待った。


いよいよ当日である。

「お義母様、準備万端整ってます。全てお任せくださいな」

「あら素敵。だったらあたし、買い物してくるわね」

余程嬉しかったのだろう。義母は、高そうな着物で意気揚々と出かけていった。

早苗さんは早速、台所に向かった。下拵えは昨日の内に済ませてあった。茄子と胡瓜で精霊馬も作ってある。後は器に盛って並べるだけだ。

義母がやらなかった水の子も、禊萩の花もできあがった。

これは玄関先に設えた台に供える。義母の御友人一同へのアピールだ。

この家の嫁は、こんなに丁寧で細やかな仕事ができると知らしめたい。

「よし、できた」

見本にできるぐらいのお供えが完成した。丁度そのとき、義母の友人達の中でも、最も賑やかな女性が通りかかった。確か、西野とかいう名前だ。

西野は黙り込んだまま、お供えを見つめている。

多分、義母から何か聞いていたのだろう。ここまで丁寧にやるとは思っていなかったのではない。

「ねえ、それって」

西野が、お供えを指さしながら訊いた。

「水の子と禊萩の花です。御先祖様に付いてくる無縁仏や餓鬼の為のお供え物です」

よし、勝った。胸の中で高笑いする早苗さんに向かって、西野は哀れむように言った。

「大変よ、今夜から」

それだけを言い残して、西野は急ぎ足で離れていった。

今夜から大変とはどういう意味だろう。あまりにも完璧にやりすぎて、義母の機嫌が悪くなるとでも言うのか。

それならそれで構わない。受けて立つ。

気合いを入れ直した早苗さんに、また義母の友人が声を掛けてきた。

名前は知らないが、あの中では比較的おとなしい人だ。

「あの、それって」

「ええ、水の子と禊萩の花ですけど。それが何か」

「あのね、それって、この辺りではやらないの。止めたほうが……もう遅いかな、ごめんなさいね。変なこと言っちゃって。頑張ってね」

本気で心配してくれているのが分かった。どういうことか、知っておいたほうが良い気がする。早苗さんは、思い切って訊いてみた。

女性は黙って俯いている。どうしようか迷いに迷っている様子だ。

早苗さんは、もう一度強くお願いした。

「うーん、知っておいたほうが良いわよね。これからいつまで続くか分からないんだし。あの、あたしが教えたって言わないでね。約束だからね」

女性は辺りを見渡した後、早苗さんをそっと手招き、小声で教えてくれた。

公民館の裏に石碑がある。戦時中、防空壕があった場所だ。

あるとき、いつものように避難した人達が入った直後に焼け落ちた電柱が倒れ、入り口を塞いでしまった。

中にいたのは女と老人と子供だけだったので、どうにも動かすことができず、全員が蒸し焼きになった。

町内全域が火災に遭い、瓦礫の山である。しばらくの間、掘り起こすどころか発見すらされなかったらしい。

遺体が酷い状態だった為、どれが誰なのか身元不明のまま供養された。

結果的に無縁仏の状態だ。石碑を建てたが、未だに成仏していない。

「だからね、水の子と禊萩の花を供えちゃ駄目なのよ。いっぱい来ちゃうの。今からでも片付けたほうがいいわ。もう遅いかもしれないけど」

そそくさと立ち去る女性の後ろ姿をぼんやりと見つめながら、早苗さんは言われたことを反芻していた。

防空壕で蒸し焼きにされた。無縁仏。供えちゃ駄目。いっぱい来ちゃう。

「何よそれ。んな訳あるかって。馬鹿らしい」

強がって言葉に出したが、声が震えてしまった。

間違いなく義母も知っているはずだ。見た瞬間、ごちゃごちゃ言われるに決まっている。

そうなったら面倒だな。仕方ない、残念だけど片付けておくか。

振り向いた早苗さんは、思わず呻き声を漏らしてしまった。

水の子のお供え物に、人が群がっている。まるでバーゲン会場のようだ。

ただし、そこにいる人は全員が焼け爛《ただ》れている。性別も年齢もまるで分からないが、辛うじて人間の姿は保っている。

これはどうなってしまうのだろう。早苗さんは思わず座り込んでしまった。

「ただいま。あら、どうしたの。そんな所に座り込んで」

義母が帰ってきた。

義母には焼け爛れた人達が見えていないようだ。少し微笑みながら、面白そうに言った。

「あ。水の子。あらあらあら、やっちゃったのね。とりあえず、お供え物はこまめに補充しなさいね。お盆の間中、何ともないように見えてても、補充するのよ。じゃないと家の中に入ってくるから。よろしくね。あたし、お盆が終わるまで叔母の家でお世話になるから」

義母は玄関に近づきもせず、踵《きびす》を返して駅に向かって歩いていった。

後に残ったのは、早苗さんと無縁仏達だ。気のせいか、少し増えているように見えた。

お盆の間中、早苗さんはまともに眠ることもできなかった。

夫に事情を話し、協力を求めたのだが、呆れ顔で拒否された。それどころか、さっさと寝ろと怒鳴られ、口論になってしまった。

ふらふらになりながら、早苗さんは何とか無事にお盆を終えた。

あっけらかんとした様子で帰ってきた義母は、開口一番こう言ったそうだ。

「来年もよろしくね。水の子も続けなきゃ駄目よ。一度、場所を覚えたらしつこく来るから。なかったら大変よ」

どうしたら止まるのかと訊く早苗さんに、義母は笑顔で答えた。

「前にやっちゃった人がいて、あれこれ調べたらしいんだけど。結局、死ぬまで続けてたみたい」

今、早苗さんは真剣に離婚を考えている。

手に職を付け、毎月少しずつ自分の口座に資金を貯めている。

まともにお願いすると、反対されるのは目に見えているから、黙って逃げ出すつもりだ。

逃げた後、義母と夫がどうなろうと知ったことではない。

むしろ、どうにかなってほしいと願っている。

単なる体験談

聡子さんが、夫の健三さんの生家で体験したことを書く。

その家は、抜群の自然環境に恵まれた場所にある。長い間、健三さんの祖父が暮らしていた。祖父の死後は、叔父が管理している。

普段は空き家だが、電気もガスも水道も通じている。家具は全て残っており、いつでも暮らしていける状態だ。

小さいが、祖父手作りの露天風呂もある。紅葉の季節ともなれば、目の前に広がる絶景を眺めながら、のんびりと入浴できる。

庭先でバーベキューも楽しめ、旅行先として満点である。

金儲けに走り、人で溢れかえる観光地に金を使うより、遥かに素晴らしい時を過ごせる為、親戚一同が順番に利用していた。

固定資産税や維持管理費を考慮しても、残しておく価値は十分にあった。

ある日のこと。

聡子さんは夫とともにその家へ向かっていた。聡子さんにとって、二回目の訪問だ。

楽しみにしている夫には面と向かって言えないが、実のところ気が重い。

妙な出来事に遭遇しているからだ。友人に話したら、それは明らかに心霊現象だと言われた。

自分でもそう思うのだが、単なる気のせいかもしれない。夫を説得できるだけの証拠もない。

平均以上の暮らしが営めているのは、夫が頑張ってくれているおかげなのだ。

何となく気味が悪いから行きたくない等とは、口が裂けても言えなかった。

一度目の訪問は、結婚して半年目。

到着後は何を見ても感動していたのだが、しばらくして妙な気配を感じるようになった。

誰かに見られている。それも、あり得ない場所からだ。何となく存在を感じるというような曖昧なものではなく、ハッキリと場所を特定できる。

天井板の右から三番目、床の間の左奥、庭先の石灯籠の上。そこまで具体的に分かってしまう。

その癖、何か見える訳ではない。それなのに、なかなか視線が外せない。強引に目を逸らすと、肩から首筋に掛けてずしりと重くなる。

二泊三日の滞在中、ずっとその繰り返しだった。おかげで、酷く疲れてしまったのを覚えている。

あんな思いは二度としたくない。当日までにできることはやっておきたい。

聡子さんは、思いつく限りの対抗策を準備した。お守り、清め塩、数珠、御札。いずれも高名な神社で求めたものだ。

気休めかもしれないが、無防備で行くよりは遥かに安心できる。護身用としてひとまとめにポーチに入れた。

晴れ渡った秋空の下、車は祖父の家に向かって出発した。健三さんが大好きなロックバンドの新譜が車内に流れている。

健三さんは上機嫌である。今なら、あの家で感じた気配のことを訊けるかもしれない。

聡子さんは思い切って、話を切り出した。馬鹿にされるのは承知の上だったが、意外にも健三さんは真摯に答えてくれた。

「聡子って、そういうの分かる人だったんだ。それね、気のせいじゃあないから。僕らの血筋の人間には皆ハッキリ見えてる。大丈夫、あの家にいるのは一族を守ってくれてる神様なんだ」

なるほど、そういうことか、ああ良かったと納得できるはずがなかった。逆に不安が増す。血筋の人間には皆ハッキリ見えてると言った。他人である私は、感じるだけで見ることはできない。

感じるだけまだマシかもしれない。それがなければ、得体の知れないものに対し、一人だけ無防備の状態だった訳だ。

或いは何も知らないほうが良かったのか。どっちも凄く厭なんだけど、この人には分からないのかしら。

より一層、気が重くなってきた。

そんな聡子さんにはお構いなく、車は予定通り祖父の家に着いた。

「今日はね、達夫叔父さんと奥さんの春美さんも来るんだ。バーベキューで盛り上がろうって」

嬉しそうな健三さんに続き、聡子さんも家に入った。前回と同じく、まずは家中の窓を開けて風を通す。

聡子さんは二階を受け持つ。二階には四つの部屋がある。今のところ、あの気配は感じ取れない。

窓を開けると、紅葉で燃え上がるような山が見えた。やはり景色は抜群に良い。何もなければ完璧な保養地なのだ。

次の部屋に向かおうとした瞬間、視線を感じた。

ああ、来た。

庭の石灯籠からだ。目だけを動かして確認する。やはり何も見えない。けれど何かがいる。

気にしない。気にしても仕方ない。この家の血筋の人間にしか見えないのだから。私は部外者なのだ。

だから放っておいてよ。

小さく吐息を吐き、聡子さんは次の部屋に移った。箪笥《たんす》が二棹《さお》並べて置いてある。右側の箪笥の上から視線を感じた。

そちらを見ないようにして窓を開け、最後の部屋へ。

ああ嫌だな。仏壇が置いてある。何故か扉が開いている。当然のように、その中から視線がまっすぐ突き刺さってくる。

急いで窓を開け、聡子さんは一階へ下りた。

自分の荷物から、用意してきた護身用のポーチを取り出す。中身を身に着けようとして、聡子さんは愕然とした。

裏返しになったお守りから中身が飛び出している。塩は水分を含み、使いものにならない。数珠は粉々に砕け、御札は細かくちぎられている。

漠然たる不安が、いきなり明確な悪意となって現れた。

帰りたい。それしか頭にない。体調不良を装い、自分一人だけ戻るのが最良の手段に思える。

健三さんは一階の窓を開けた後、バーベキューの準備に取り掛かっているはずだ。

玄関を出て庭へ向かう。楽しげな声が聞こえてきた。既に叔父夫婦が到着し、健三さんの準備を手伝っているようだ。

この状況で仮病を言い出せるほどの度胸はない。聡子さんは最高の笑顔を貼り付け、叔父夫婦に近づいていった。

久しぶりの再会を喜び合い、聡子さんも食材の下拵えを始めた。

身体を動かしていると、気が紛れる。何より、自分の周りに人の壁ができるのが有り難い。

鉄板の準備も整い、バーベキューが始まった。よく冷えたビールで乾杯し、健三さんが奮発して買ったブランド牛を味わう。

さすがに気分が良い。このまま酔ってしまえば、視線を気にすることなく眠れるのでは。

そう判断した聡子さんは、いつもよりピッチを上げた。後々辛いだろうが、背に腹は代えられない。

そんな聡子さんの努力を嘲笑うかのように、健三さんが達夫さんに言った。

「聡子ね、守り神様を感じるんだって。凄いよね、血筋以外の人間なのに」

「そりゃ凄いな。嫁いできた中で初めてじゃないか」

奇跡でも起こったかのような盛り上がり方だ。春美さんも話に加わってきた。

「いいわねぇ、あたしなんか何も感じないわ」

そのほうが良いんだよ。声には出さず、口の中で言い返す。なかなか話は終わりそうにない。

腹が立ってきた聡子さんは、この機会にどんな神様が見えるのか訊いてみようと思い立った。

「いやそれは駄目なんだよ。神様のお姿を教えてはならないと決められているんだ」

「すまんな、聡子さん。教えたら死ぬと言われとるんでな」

バーベキューは夕方近くまで続いた。男性陣は屋内で飲み直すという。

女性陣は後片付け開始だ。全て台所に運び込み、手分けして洗い始めた途端、冷蔵庫の上から視線を感じた。

思わずそちらに顔を向ける。

「どうしたの、聡子さん」

「あ、いえ別に」

「……いるの？」

黙って頷く。

次の瞬間、春美さんは使っていた食器洗いのスポンジを冷蔵庫に投げつけた。

「じろじろ見てんじゃないわよ、このスケベ野郎が」

視線がいきなり消えてしまった。

そうか、そんな簡単なことで良いのか。聡子さんは思わず笑ってしまった。

「ありがとうございます。凄く格好良かったです」

「いいのよ、女しか見ないなんてエロ神様よね。そうか、どんな姿か分かったわ。教えてあげる。脂ぎったデブで、禿げ頭のおっさんよ」

その後、馬鹿笑いしながら後片付けを終え、共に露天風呂に行った。

酔っていたせいもあるが、調子に乗った聡子さんも周りに向かって大声を上げた。

「脂ぎったデブの禿げ神、見てんじゃないわよ」

心からスッキリしたという。

それから二日後。

春美さんが急死した。

朝起きてこないので、見に行ったら既に事切れていたという。

神様の姿を教えてしまったせいかもしれない。

聡子さんはそう言った。

ならば、これを本にするのは危険ではなかろうか。神様の姿を教えたことになるのでは。

確認すると聡子さんは、きっぱりと答えた。

「教えてません。私、単なる体験を話しただけです。春美さんの敵討ちの為にも書いてください」

そう言って聡子さんは凄い笑顔を見せた。

今のところ聡子さんは無事に過ごしている。

どうやら、脂ぎったデブの禿げ神様はルールを守るようだ。

繋がる思い出

霊障ではないと思うのですが。
そんな言葉で、白木さんの話は始まった。

白木さんは、とある病院に医療ソーシャルワーカーとして勤務している。聞きなれない職業だが、大きな総合病院なら必ずある部署だ。生活相談室や地域連携室といった相談所に常駐することが多い。

患者や家族の精神的、経済的な不安に対する支援が仕事である。

どのような問題を抱えているか、その原因は何かを聴き取り、適切な支援を提供する。簡単に言うとそのような仕事だ。コミュニケーションとヒヤリングの能力に長けていないと務まらない。

利用できる社会福祉制度やサービス、保険、法律など専門的知識も当然のように求められる。

地域包括支援センターや介護サービス事業者など関係機関との連携も重要になってくる。

どうかすると、面接よりも連絡調整に掛ける時間が多いぐらいだ。

多忙で激務の毎日なのだが、世間からは常に電話をしている人ぐらいにしか思われていない。

退院調整と介護保険の説明、身寄りのない人の援助だけをやっていると誤解されることも多い。

とりわけ、退院調整に関する誤解は苦情に直結してしまう点で厄介であった。

白木さんの勤務する病院には、第三次救急センターがある。

分類で言うと高度急性期機能、要するに一刻を争う患者に密度の濃い医療を提供する機能がある病院ということだ。

二十四時間いつでも対応する為には、常にベッドを空けておかねばならない。

そこでしかできない手術や治療で状態を安定させ、どの病院でもフォローできるようにするまでが役目だ。

その為に行うのが退院調整である。

何から何まで無差別に退院させている訳ではない。

一部からは、追い出し屋などと陰口を叩かれているが、なくてはならない存在だった。

それは五月のある日。

いつものように勤務を始めた白木さんは、最初の面接を始めた。

救急搬送された老婆である。

名前は串田寿子、七十歳。

夫と息子がいたが、震災でどちらも亡くしている。

それ以来ずっと一人暮らしだ。

家も仕事もなくし、親戚を頼って関西まで来たのだが、うちも貧しくて養えないと拒否された。

地域の支援団体から仕事を紹介してもらい、どうにかこうにか暮らしてきた。

当然、簡単な健康診断すら受けたことがない。初期段階で自覚症状がない病気にしてみれば、格好の的だった訳だ。

今回の救急搬送で、自分が慢性腎不全だと初めて知ったという。

浮腫《むくみ》や頻尿《ひんにょう》、頭痛、吐き気、不整脈などの自覚症状まで至っていたが、自分の歳のせいだと思い込んでいたらしい。

今後は人工透析を受けながら暮らしていくことになる。

串田さんは生活保護に頼らず、清掃作業員として働いていた。今後はその生活も見直さなければならなくなる。

白木さんは、そういった全ての問題を丁寧に説明していった。

その間、串田さんはまるで他人事のように無表情、無反応を通していた。

白木さんはその様子に不安を覚えた。今までにも何度か経験したことがある。あれは、自分の生に関心がない人が見せる反応だ。

死にたいというのではない。けれど、どうしても生き延びたいという気にもならない。心配してくれる家族はなく、日々を彩るような喜びもなく、毎日寝て起きて食事して働くだけ。

既に人生は終わっている。今は惰性で生きているだけだ。

串田さんが面談で見せた反応は、正しくそういう類のものだった。

こういった人の支援は、かなり難しい。生活や病気の支援だけでは、根本的な解決にはならない。

いずれまた、同じような壁にぶち当たるだろう。その壁で人生を諦めるかもしれない。

そこまで分かった上で、白木さんが優先しなければならないのは、串田さんの退院調整であった。

放り出す訳ではない。

病気が判明し、症状が落ち着き、治療の方針も定まった以上、この病院には置いておけないのだ。

勿論、地域連携室同士で連絡は取り合うが、白木さんの担当ではなくなる。

心苦しいのは確かだが、患者は次々に運ばれてくる。支援が必要な人も多い。

串田さんよりも悲惨な状況の人も来るだろう。

個人的な感情を押し殺して向き合わねば、自分が壊れてしまう。

「確かに俺は追い出し屋だな」

書類を作成しながら、白木さんはモニター画面に呟いた。


退院の日。

串田さんは白木さんを訪ね、相変わらず無表情のまま、こんなことを言った。

「私、楽しい思い出が欲しいんです。生きていて良かったと思えるような。どうすれば、それができますか」

白木さんは胸が詰まった。

この人にとって楽しい思い出とは何だろうか。

病気と闘いながら、たった一人で歩いていかねばならない人生なのに。

白木さんは自分でも白々しいと思いつつ、こう答えるしかなかった。

「人と繋がることです。串田さんの周りには、あなたを助けたいと願う人が沢山いるんですよ。勿論、僕もその一人です。どうか、遠慮なく頼ってください。貴方の思い出は、誰かの思い出と繋がってるんですよ」

その瞬間、串田さんは初めて感情を露わにした。声を上げて泣き出したのだ。

白木さんは、この職に就いて十余年のベテランである。だが、自分も泣いてしまったのは、このときが初めてだった。

「ほら、今この瞬間に串田さんと僕の思い出が繋がりました。もっと沢山増やしていきましょう」

串田さんは何度も頭を下げ、病院を後にした。

少しは役に立てたかなと安心する暇もなく、白木さんは次の仕事に向かった。

また次の事情を抱えた患者がやってくる。気持ちを切り替えて頑張らねばならない。

正直なところ、既に串田さんのことは頭になかった。後は地域連携センターとして扱う案件の一つだ。

その名前を再び聞くことになるとは、夢にも思わなかったという。

その日から数えて、丁度一週間後。

白木さんは、とある患者と面談を始めていた。面談そのものは、特に問題もなく終わった。

書類を整理しながら雑談を交わしているとき、その患者が妙なことを言った。

「この間、妻と南紀勝浦に旅行してきたんです。漁港の近くの魚屋で食事もできるんですよ。美味かったな」

「いいですね、羨ましいな」

「どうです、先生も。串田さんも楽しいって言ってたし」

聞き流すつもりの言葉に、聞き覚えのある名前が現れた。

「串田さんって」

「串田寿子さんですよ。……あれ？　誰だそれ」

詳しく訊こうとしたが、折悪しく掛かってきた電話に邪魔されてしまった。結局、その患者は首を傾げたまま部屋を出ていった。

その場限りのことなら、忘れてしまえたかもしれない。

だが、そうはならなかった。

翌日、院内を移動中、白木さんは患者の家族に呼び止められた。

大した用件ではない。次の面談日の確認だった。

忙しいところを呼び止めて申し訳ないと立ち去りかけた家族が、ふと振り返って言った。

「そうだ、先生。この間、娘が来ましてね。色々とお世話になってるから、先生にもお礼したいって」

「お気を遣わずに。娘さん、しばらく滞在されるんですか」

「はい、退院したらパーティーするんだって張り切ってましてね。串田さんも、それは良いですねと賛成してくれたし」

白木さんは口をポカンと開けたまま、相手を見つめてしまった。

「どうかしましたか」

「いや、あの、串田さんって」

「串田寿子さんですよ、七十歳ぐらいの痩せたお婆さん」

「お知り合いなんですか」

「誰が？」

「串田寿子さん」

「誰です、それ」

「今、御自身で仰いました。娘さんのパーティーに良いですねと賛成したんでしょ」

白木さんに言われて初めて気付いたようだ。確かに言ったな、あれおかしいな、誰だそれはと本気で不思議がっている。

「その場にいたんじゃないんですか」

「そんなはずないです。自宅のリビングで娘と二人きりでしたから」

結局、このときも白木さんは医局から呼び出されて、会話を終わらせるしかなかった。


遅い昼食を摂りながら、白木さんは起こった出来事を分析してみた。

勝浦の漁港に現れたほうは、辛うじて説明が可能だ。

串田さん本人がいたのかもしれない。

絶対にあり得ないとは言えない。親戚がいるのかもしれない。全ての親戚を把握している訳ではないし、親切な友人が招いてくれたのかもしれない。

何かしらの理由で滞在していたとき、偶々話しかけた相手が、同じソーシャルワーカーに担当されていた。そんな可能性もある。

無理矢理にでも解決できる方法がある限り、それは隙のある話なのだ。

が、今さっき聞いたほうは、どう考えても不可能だ。

いきなり他人の家に現れるなど、できる訳がない。

まず優先すべきは、串田さん本人の現況確認だ。白木さんは早速、串田さんを担当している病院に連絡を取った。

結果から言うと、串田さんは消息不明となっていた。

暮らしていた部屋は、もぬけの殻であった。家具も荷物も全てなくなっており、綺麗に清掃されてあった。

床の上に書き置きらしいメモがあった。それには、こう書いてあったそうだ。

思い出を作りに行きます。

何週間経っても、串田さんは発見されなかった。

正確に言うと、串田さん本人だ。

白木さんが担当する患者さんや、その家族の話には頻繁に登場してくる。

子供の運動会に来てくれた。一緒になって応援していた。

友人の葬式で泣いてくれた。本当に良い人でしたと言ってくれて嬉しかった。

似たような話が後を絶たない。

そんな中、大学の入学式で並んで写真を撮ったという人が現れた。

頼み込んでその写真を見せてもらった。

全部で五十五枚の画像に、串田さんは一度も写っていなかった。
並んで撮ったという写真も、家族三人しか写っていない。
「おかしいな、一緒に撮った思い出があるんだけど」
その言葉を聞いた瞬間、白木さんは自分の言葉を思い出した。
貴方の思い出は、誰かの思い出と繋がってるんですよ。
確かにそう言った。
今までの話の共通点が見つかった。
思い出を話している最中に、串田さんは登場していた。
「そうか、分かった。現場にいたんじゃない。その思い出話に侵入してくるんだ」
何故なら串田さんの思い出は、誰かの思い出と繋がっているのだから。
その後も串田さんは、他人の思い出話に無断で参加している。
本人が生きていたとしても、そんなことは止めなさいとは言えない。
そうしましょうと提案したのは、白木さんだからだ。
恐らく今日も、串田さんは誰かの楽しかった思い出に自分を繋げているはずだ。

ちなみに。

この話を読んだからと言って、そう簡単には繋がらないから大丈夫だと思う。

繋がったとしても、特に何か悪さをされる訳ではない。

貴方の楽しかった思い出の中に、痩せ細った老婆が入り込んでくるだけだ。

腐り墓

嶋田さんは、とある山村で生まれた。

今現在は住民の数も減り、すっかり寂れてしまったが、一昔前までは林業で栄えた賑やかな村だった。

山の中腹にある為、平地とは随分と異なる生活が営まれていた。

不便も苦労も多く、暮らし辛い土地だが、それを補って余りある生活があった。

お互いに知恵や技術を提供し、困っている人を助け、助けられた人は次の誰かを助ける。

そういった相互扶助の精神が、山村の宝物であった。

けれど宝物も、場合によっては大きな負担になってしまう。

その一つとして、葬儀が上げられる。

葬儀の内容自体は、一般的なものとそれほど変わらない。細かい部分で独特のやり方が見受けられるが、特筆すべき点はない。

出棺からが問題だ。

嶋田さんが子供の頃、村の墓も山の中にあった。曲がりくねった山道を登った先にある為、使える交通手段がない。

遺体を座棺に入れ、遺族を中心に隣近所の住人が担いで墓に行く。当然、土葬である。

座棺は二本の長い棒に吊される。時代劇に登場する駕籠《かご》のようなものだ。

長い棒の前後に付いた男達が、力を合わせて持ち上げる。

座棺は、一般的な長方形の棺よりも山道を運びやすく、埋めても場所を取らない。

その代わりに高さがある分、担ぎ手も背が高いほうが望ましい。

当時の嶋田さんは中学生ながら身体が大きく、担ぎ手を任されることが多かった。

ある日のこと、村外れに住む千代さんが亡くなった。

九十近い一人暮らしの老女だ。親族は既に全員が逝去しており、村全体で葬儀を執り行うことになった。

千代さんは、自身に子供ができなかったせいか、村の子供達を孫のように可愛がっていた。

特に可愛がっていたのは、嶋田さんの妹の美鈴ちゃんである。

美鈴ちゃんも、まるで本当の家族のように接し、千代バアと呼んで甘えていた。

千代さんには嶋田さん自身も色々と世話になっており、普段なら面倒な棺の担ぎ手も素直に受け入れたという。

千代さんの家を出て、右に進むと道は二つに分かれる。

また右を選び、後はひたすら上っていくと墓に着く。

気候や道の状態にもよるが、約三十分程度の道程だ。

親しかった者の代表という名目で、嶋田さんは担ぎ棒の先端を任された。進行方向を見定め、ゆっくりと歩き出す。

いや、左ではない。右だ、右。

他の担ぎ手から注意された。自分でも分かっている。

だが、どうしても右に行けない。いつの間にか他の皆も黙り込んでいる。

一行は静々と進んでいく。

嶋田さんの記憶は、この辺りから濃い靄《もや》に包まれていった。

次に気付いたとき、一行は千代さんの墓の前にいた。

座棺は土に埋まっているようで、綺麗な土饅頭が仕上がっている。

棺の蓋が腐って落ちると、この土饅頭が埋めてくれる訳だ。

その為、敢えて蓋は釘付けしないという。

嶋田さんを含めて全員が、いつの間に墓に着いたか覚えていない。

とにかく、最後は厄払いの食事をすることになっている。

千代さんの家に戻り、設えた卓を囲む。しばらくすると、全員が少しずつ記憶を取り戻していった。
嶋田さんの脳裏にも、道中の情景が浮かんできた。

座棺は、あちこちの家の前で止まっていた。
一旦、座棺を下ろし、僕が大声で口上を言ったんだっけか。
「お千代さんがっ、最後の御挨拶にっ、参りましたぁっ」
その家の人が何事かと出てきてたな。
僕が棺の蓋を開けると、千代さんが現れて生前の礼を告げ始めた。
どうやら千代さんは、僕以外には見えていないようだ。
中には怒り出す人もいた。
人の家の前で棺の蓋を開けるなんて、何を考えてるんだって、凄く怒ってたな。
ごめんなさいって謝ることもできず、また次の家に向かった。
最後は僕の家だった。
出てきたのは美鈴一人だ。そうか、父も母も千代さんの家にいたな。
美鈴は目を丸くして見ている。

例によって棺の蓋を開けると千代さんが現れた。

驚いたことに美鈴が反応した。

「あ、千代バアだ。さよなら」

そう言って手を振る。千代さんは嬉しそうに笑い、それまでとは違う動きを見せた。

僕の真横まで来て、こう言ったんだ。

「寂しいから、美鈴ちゃん連れていくよ」

うん、いいよ
そう言って僕は、嫌がる美鈴を抱き上げて座棺に入れた。


座棺に入れた。

美鈴を座棺に入れたんだ。

座棺は今、土の下に埋まってるよな。

嶋田さんは長い悲鳴を上げながら、必死になって墓に走った。

先程できたばかりの墓を掘り起こす。

道具を持ってきていないから、手を使った。

指先が破れ、血が出ようと構わずに掘り進む。

指が座棺に当たった。

泣き叫びながら蓋を開けた。

棺の中に千代さんがいる。その腕にしっかりと抱かれているのは、美鈴ちゃんだった。


幸いと言って良いものか、美鈴ちゃんは辛うじて生きていた。

だが、脳の損傷が酷く、寝たきりになった。

ずっと口を開けて涎を垂れ流し、時折大声で悲鳴を上げる。

壊れた人形のような状態で生き続けた美鈴ちゃんは、三年目の春を待たずに亡くなった。

最後の最後まで、家族も自分自身も認識できなかった。


今現在、嶋田さんは都会で一人暮らしをしている。

とうの昔に両親は他界し、美鈴ちゃんと同じ墓に入っている。

嶋田さんは家族の墓参りのついでに、必ず千代さんの墓も訪ねる。

腐敗した食品を供え、唾を吐きかけた後、盛大に小便を浴びせてから帰るそうだ。

稲田会ファイル

稲田さんは、週末の夜に友人達と宅飲みの会を楽しんでいる。

全員が心霊マニアであり、共にそういう類の動画を楽しみ、噂話で盛り上がり、お気に入りの怪談本を紹介し合う。

たまに、会員以外の人を招いて、体験談を語ってもらうこともある。毎回、録音してあるそうで、かなりの本数が溜まっているという。

最近では、同好の士からの紹介で、柳川さんという女性をゲストに招いた。

とても素敵な、胸の温まる心霊体験ということだ。しかも現在進行中らしい。

とりあえずは、その話から始めたい。


柳川さんが暮らす町に、多恵さんというお婆さんがいる。

家族はいない。かなり前に両親は他界している。八十八歳になる今日まで、ただの一度も結婚はしていない。

当然ながら子供もおらず、親戚との付き合いも殆どない。

父親が株で儲けた金を遺してくれたおかげで、悠々自適の暮らしだ。

庭の手入れが大好きで、道路に面した広い庭全てが植物園のような状態である。

手塩に掛けて育てた花や木のおかげなのか、多種多様な小鳥もやってくる。

花と鳥に囲まれ、多恵さんはのんびりと縁側でお茶を啜《すす》る。その様子が見ていて実に楽しげで、思わず声を掛けてしまう。

それに対して多恵さんは、慈母の微笑で手招きする。

おかげで、近所の人達は勿論、通りすがりの人でも自由に入って休憩できる。

陽の当たる縁側には、美味しそうなお茶とお茶菓子が待ち構えている。

他愛ない会話を交わすだけの場所だが、心の拠り所にしている人も多いと聞く。

柳川さんも入ったことがある。最も印象に残っているのはバラの季節だった。むせ返るような甘い香りは、今でも鮮明に思い出せるという。

我が子同然に育てた花は、欲しい人には無料であげてしまう。母の日などは、カーネーションの大盤振る舞いだ。

そうやって多恵さんの周りには、温もりに満ちた人の輪が広がっていった。

柳川さんもその末席に連なっていた。言葉を交わしたのは二、三度だけだが、多恵さんが朗らかに笑う姿は、確かに癒やしであった。

そんな中、多恵さんが唐突に入院した。本人自身がタクシーで病院に向かったとのことで、風邪をこじらせた程度だろうと皆は安心した。

花の世話は仲間達が請け負い、多恵さんの帰りを待った。だが、多恵さんは生きて戻ってこなかった。

風邪だとばかり思っていたのだが、もっと質の悪い新型のウイルスに侵されていたのだ。

高熱と激しい咳が続き、散々苦しんだ挙げ句の死であった。

その当時、病棟への立ち入りは禁止されていた。鳥の声どころか、人の声さえ聞こえない静まり返った病室で、多恵さんは最期を看取る者もなく逝ってしまった。

残酷なウイルスのせいで、遺体は病院から火葬場へ直送され、多恵さんは骨となって自宅に戻ってきた。

町内の人間は、自分の身内が亡くなったかのように嘆き悲しんだ。

将来的に、多恵さんの家も庭も処分されてしまうだろう。それに抗うことはできない。

だが、せめてその日が来るまでは、多恵さんが愛した花や木を守っていこう。

町内会で有志を募集したところ、あっという間に三十人近くが手を挙げた。

順番と手順を決め、一人一人の負担を減らし、皆が笑顔で続けられるよう計画を練った。

おかげで、多恵さんの庭は以前と同じ輝きを取り戻した。その努力が実ったのか、嬉しい誤算もあった。

多恵さんの親戚縁者が、手入れの行き届いた庭を見て感激し、売却せずに残しておくと約束してくれたのである。

こうして、多恵さんが遺した愛は、皆の手でしっかりと守られた。庭の美しさに負けぬ美談だ。

それから数日後、新たなる美談が囁かれ始めた。

庭に多恵さんが戻ってきているというのだ。

生前と同じ姿の多恵さんが、縁側に座ってお茶を飲んでいる。優しく微笑み、自分の庭を眺めている。

柳川さんも見たことがある。そろそろバラの季節だし、私も手伝ってみようかなと庭を覗き込んだときのことだ。

すぐ目の前に多恵さんがいた。向こうが透けて見えたり、足がなかったり、いわゆる幽霊のような姿ではない。

ごく普通に、そこに人間が立っているとしか思えない。

多恵さんは、柳川さんに気付き、懐かしい微笑みを見せてくれた。

「ああ、私、多恵さんにお礼を言いたかったんだな。そう思った途端、泣いちゃって」

多恵さんの庭には、生前と変わらず花も木も鳥も、そして人も集まってくる。

最初、多恵さんが見えない人も、回を重ねると感じてくる。

その中でも数人は、多恵さんと会話を交わせるという。実は、柳川さんもその一人である。

バラを育てるコツを教わっているそうだ。

いつか満足のいくバラを育て、多恵さんに贈るのが柳川さんの夢だ。


「以上が私の話です。こんなお話で良かったのかしら」

柳川さんは、潤んだ瞳を拭いながら話を終えた。

「素敵でした。ありがとうございます。バラ、上手く育つといいですね」

稲田さんの感謝の言葉に、柳川さんは再び瞳を潤ませながら帰っていった。


さて。

素敵なお話だ、満足したと仰るなら、ここから先は読まないほうがいい。

ここで止めて、次の話に進んでいただきたい。

裏が知りたいと仰る天の邪鬼な貴方には、この直後に交わされた稲田さん達の会話を書き起こしてお届けする。

勿論、御本人達の許可済みだ。


「え。ヤバいよね」

「ヤバい。四十九日経ってるのに、まだハッキリそこにいるんでしょ」

「だよね。自分が死んでるのは自覚した上でやってるな、こりゃ」

「一人っきりで死んだのが悔しかったかー」

「それな。見えない人も見えるようにしてくるって、どんだけパワーあんのよ」

「で、どうしたいんだと思う。多恵さん」

「道連れ」

「そ。それもできるだけ沢山」

「霊と日常的に会話しちゃ駄目よね。その人達、全員連れてかれるわ」

「え。じゃあさっきの柳川さんて子も」

「連れてくだろね」

「教えてあげなきゃ」

「やだ」

「うわー。酷っ」

「笑ってるし」

「だってさ、多恵さんの邪魔したら、こっちが危なくなるじゃん」

「それな」

「何か変わったことがあったら、メールしてって言ってあるし」

「了解。あ、レモンサワーお代わり」

「あたしも」


十日ほど経過してから、柳川さんからメールが入った。

町内で連続して人が死んだそうだ。亡くなったのは五人、その全員が多恵さんの隣に座っているのだという。

多恵さんは楽しげに話しかけているのだが、あまり会話が弾んでいないらしい。

このメールを最後に、柳川さんからの連絡は途絶えている。

ゆらゆら

高柳さんは最近、自転車通勤を始めた。

片道十五キロ、一時間強の道だ。減量と交通費の節約の為、雨の日も風の日も頑張っている。

安全面を考慮し、ルートを選んだ。殆どが田圃沿いの道だ。

顔にぶつかる羽虫以外は、快適な道である。

通勤を始めて十日程経った頃、高柳さんは妙なことに気付いた。

一面に広がる田圃の中に、ゆらゆらと動く物体があるのだ。

距離にして、二百メートルぐらい先。

目を凝らしてみても、判然としない。何となくだが、白い服を着た人間のように見える。

両手を上げて揺れている。

初めて見たときは何も思わなかった。二度目でようやく気が付いた。

三度目からは気になって仕方なくなった。

時刻は午前六時、そんな時間に誰が何をしているのだろう。

農作業にしては妙な動きだ。早朝の田圃で踊りの練習というのもおかしい。

もやもやと妄想していたら、我慢ができなくなってきた。

よし、見に行こう。往復で十分も掛からないだろう。

高柳さんは、張り切ってペダルを漕いだ。

近くまで来て正体が分かった。

古びたマネキン人形だ。破れた麦わら帽子をかぶせられ、両手に軍手をはめている。どうやら、カカシの代わりに使っているようだ。

「幽霊の正体見たり枯れ尾花って奴だな」

来た道を五メートルほど進んで止まった。

何故、揺れていたのか。仕組みが知りたい。

動画を撮っておけば、話題になるだろう。

自転車から降り、スマートフォンを取り出して振り返る。

さっきまでマネキンがいた場所に老婆が立っていた。

マネキンと同じ服を着て、同じ帽子をかぶり、軍手をはめた両手を上げて揺れている。

一心不乱にゆらゆらと揺れ続けている。

「え。何で」

訳が分からず、とりあえず高柳さんは老婆に話しかけた。

返事がない。まっすぐ前を向いたまま、ゆらゆらゆらゆら。

「あの。何やってんすか」

再度話しかけたが、返事はゆらゆら。

いい加減、腹が立ってきた高柳さんは、老婆に聞こえるぐらいの大きさで舌打ちし、自転車に戻った。

動画を忘れたことに気付いた高柳さんは、もう一度振り向いた。

そこにはマネキン人形が立っていた。

老婆の姿は何処にもない。見通しの良い場所だから、何処にも隠れようがない。

走って逃げても同じだ。必ず見つかる。

それなのに、そこにはマネキンしかいない。

高柳さんは、急に怖くなった。自転車に飛び乗り、全力で漕いだ。

念のためにもう一度振り向く。

今度は老婆に戻っていた。

ゆらゆら、ゆらゆらと揺れていた。

土地の由来とか、その辺りの古地図を調べたら何か分かるかもしれないが、高柳さんは敢えて放置している。

忙しい世の中に、ああいった意味不明の何かがいても良いだろうとのことだ。

今でも、老婆だかマネキン人形だかは、同じ場所で揺れている。

「もしかしたら、誰でも見られるかもしれませんよ。行ってみます？」

そう言って、高柳さんは地図を描いてくれた。

暇ができたら、誰かを誘って行ってみようと思う。

旅するブランケット

それは今から四年程前のことだ。奥野さんは山菜狩りの途中で道に迷ってしまった。落ち着いて周りを見渡すと、遠くに作業小屋らしきものが確認できた。下手に歩き回るよりは、あそこで身体を休めたほうが良かろうと判断し、歩を進めていく。思いのほか、しっかりした小屋だった。夜露をしのげるどころではない。一夜の宿としては十分過ぎるほどの建物だ。もしかしたら、実際に誰か暮らしているかもしれない。

とりあえず出入り口の木戸を叩いてみた。返事はない。よく見ると、蜘蛛《くも》の巣で封印状態である。

しばらく開けられていないことは確かだ。

有り難いことに施錠もされていない。多少手間取ったが、何とか開けることができた。屋内は、やはり無人だ。長年に亘って蓄積された埃には足跡一つない。

入ってすぐに土間がある。薪が少し残っているが、今のところは必要ないだろう。板の間は六畳程度、家具は一つもない。ただ、板の間の中央に白い布が敷いてあった。

敷物にしては薄い。ごく普通の木綿素材の敷布だ。残念ながら、汚れが目立つ。それに少し臭う。

包まって寝るのは躊躇われる。

奥野さんは敷布を部屋の隅に片付け、リュックサックから取り出したブランケットに身を包んで横になった。

疲れていたのだろう、たちまち眠ってしまったという。


何時間経った頃だろうか、尿意に起こされた奥野さんは、ふらふらと小屋の外に出た。

冴えわたる月灯りが辺りを照らしている。

おかげで危なげなく用を足せた。もうひと眠りしようと小屋に戻った奥野さんは、我が目を疑った。

敷布が空中に浮いている。まるで魔法の絨毯《じゅうたん》のようだ。

まず考えたのは、何らかの物理的現象ではないかということ。小屋の隙間から風が入り、それによって舞い上がったとか。

違う。そのような隙間らしきものはないし、外は無風だった。よしんば風が原因だとしても、敷布を丸ごと浮かせてその場に維持できる力はないだろう。

細い糸で上から吊っている訳でもない。それらしき物は見えないし、そもそも誰が何の目的でそんなことをやるというのか。

そうなると、最後に残る原因は心霊現象だ。

気持ちとしては認めたくないのだが、そうとしか考えられない。

だとしても、何とも地味な心霊だ。こんな山中の誰も来ない小屋で、いつ来るか分からない相手をずっと待っているのか。

もしかしたら、狐狸《こり》妖怪の類かもしれない。

いずれにせよ、頑張っている白い布には申し訳ないが、それほど怖くないのは確かだ。

奥野さんは近づいて触ろうとした。

その瞬間、ふわふわと漂っていた敷布がみるみるうちに姿を変えていった。

四隅が下がり、絨毯は気球のような形になった。変化はそこで終わらない。

気球の要所がするすると絞られ、徐々に形が整っていく。

十秒も経たない内に、敷布は人の姿になった。

息を呑んで見守る奥野さんの目の前で、顔の部分が一気に仕上がった。

できあがったのは老人の顔だ。

布製とは思えないほど生き生きとしている。

今にも喋り出しそうである。事実、唇が動き始めた。

奥野さんが見ていたのはそこまでである。リュックサックを引っ掴み、小屋を飛び出した。

どうやら布人形は追いかけてこないようだ。

明け方近くまで彷徨《さまよ》い続け、幸いにも里に下りることができた。

ようやく家まで帰り着き、玄関に座り込んで己の無事を確認した途端、奥野さんは泣いてしまったという。

とりあえず風呂に入り、飯を食い、二時間ほど眠る。

敷布が夢に出てきた。

あのときのようにふわふわと漂いながら、刻々と変化している。

爺さん、若い女、子供、色々と形を変え、最後に敷布に戻った。

敷布が奥野さんのリュックサックの中に潜り込んだところで、目が覚めた。

嫌な予感がする。

そういえば、リュックサックは後で片付けようと思い、玄関に放置したままだ。

眺めていても始まらない。

奥野さんは思い切ってリュックサックを開けた。

それらしき布は入っていない。自分で詰めた物ばかりだ。

念のため、一つずつ取り出して並べた。

大丈夫、やはり入っていない。所詮、夢は夢でしかない。

臆病な自分に苦笑し、折角だから片付け始めた。

洗い物を済ませ、備品をチェックする。今回は日帰りのつもりだったから、テントも寝袋もない。

干すのはブランケットだけだ。殆ど使ってないから大丈夫とは思うが、洗濯はしておく。

大きな汚れがないか調べる為に、ブランケットを広げた。

次の瞬間、ブランケットがふわりと浮かび上がった。

唖然として見守る奥野さんの前で、ブランケットは形を変えていく。

あの敷布と全く同じ行程を辿ろうとしている。

理由は分からないが、何が起ころうとしているかは想像できる。

この部屋の中で、爺さんになられたら逃げようがない。

奥野さんは窓を開け、無我夢中でブランケットを掴み、外に放り投げた。

老人の姿になる寸前のブランケットは、折からの風に形を崩されながら、空高く舞い上がった。

そのままふわふわと風に乗って飛んでいったという。

「あれ、高かったんだけどな」

奥野さんはブランケットを見送りながら、そう呟いた。

もしかすると、今でもブランケットは旅をしているかもしれない。

関西地方の空にカーキ色のブランケットを見つけても、近づかないほうがいいと思う。

御神木

工藤さんは、とある村の出身だ。これといった建物もなく、周りは全て田園が広がる自然に満ち溢れた場所だ。

その風景の中に、一箇所だけ目立つ場所があった。樹齢何年になるかも分からない大きな杉である。

この杉は御神木と呼ばれ、大切にされてきた。

特にこれといった御利益はないのだが、大きくて古い樹というのは、それだけで何となく安心できるものだ。

工藤さんも何か迷うことがあると、この樹を訪ねていた。

樹に向かって悩み事を投げかけるだけで、気持ちが落ち着き、前に進もうと思えた。

ただ、この樹には怖い噂もあった。古い樹にはありがちだが、伐《き》ろうとする者に祟ると言われていた。

この土地の所有者は太田という。太田は父親から譲り受けた田圃を広げる為、伐採を試みたらしい。

向こう見ずにもチェーンソーを買い込み、自らの手で切り倒そうとした。

ところが樹皮に当てた刃が跳ね返り、太腿を深く切り裂く大怪我で危うく死にかけてしまった。

村の古老は、それ見たことかと笑った。

昔から伝わっている話であり、無視できないだけの実績があるのだという。

これで諦めたら話はそこで終わるのだが、太田はなかなかしぶとい男だった。

どうしても切り倒そうと躍起になり、様々な方法を試し始めた。

祟りなど気にしない連中に頼んだのだが、一人が左手首を切断する事故が起きた途端、全員が逃げ出した。

荒っぽい輩を見つけては依頼したのだが、同じような失敗が続く。

噂が広まったのか、どの伝手を使っても断られてしまうようになった。

次に思いついたのが、伐るのではなく枯らすという方法だ。これなら上手くいくのではと太田は園芸店へ相談に行った。

手段としては二つ。巻き枯らしと除草剤だ。

根から吸い上げた養分は、樹皮という道を通って幹や葉に向かう。巻き枯らしは、その樹皮を剥ぎ取ることで、栄養を遮断する。

除草剤はもっと簡単だ。根に薬剤が浸透すれば枯れてしまう。

これは良い、これならばと勢い込む太田に園芸店の店長は、申し訳なさそうに付け加えた。

「巻き枯らしは樹皮に切れ目を入れ、剥ぎ取るんです。除草剤は幹に穴を開け、薬剤を注入する。どちらとも一年は結果が出ません」

さすがの粘着質な太田も、お手上げだった。

「もういいわ。これはどうにもできん」

作業を見守ってきた村人達は、太田のギブアップ宣言を歓迎した。村の守り神とも言える御神木だが、私有地に立つ以上は個人の財産である。

伐ろうがどうしようが、実際のところは本人の思うがままだ。

口出しはできないが、どうにかして諦めてほしいものだと、皆で囁き合っていたのだ。

もっと痛い目に遭って諦めればいいと、工藤さんは密かに思っていたぐらいである。

こうして御神木は、いつまでもこの地に立ち続けるはずであった。


ところがそれから十日も経たない内に状況が変わった。

かつてない程の大型台風が、この村を襲ったのである。何十年も前に一度、川が氾濫するぐらいの被害しかなかった土地だ。

村人は我と我が身を守るのが精一杯であった。

台風が去り、快晴の朝。

太田が歓声を上げながら村の広場に走り込んできた。

「樹が倒れとる、ぽっきりと折れとるぞ」

外に出た全員が驚いた。長年見慣れた樹が視野から消えている。確認に行こうとする村人達を古老が必死で止めた。

行ってはならない。天災とはいえ、倒れてはならない樹が折れてしまった以上、何もないとは思えない。

涙ながらにそう訴える。あまりの必死さに、殆どの者は踏みとどまったが、何人かはその場をそっと抜け出した。

その中に、工藤さんの父親もいた。

以前からそういった揉め事に首を突っ込むのが好きな人だったという。

帰ってきた父親は、どことなく自慢げに工藤さんに状況を話し始めた。

どうやら、杉の木には大きな洞《うろ》ができていたらしい。

放っておいても、あと数年で倒れていた可能性が強い。それが、今回の台風で前倒しされたのだろう。

「父さんな、その洞の中に入って写真撮ったぞ。これはなかなか良い記念だ」

工藤さんは呆れたのだが、どうやらそこにいた全員が同様の写真を撮ったらしい。

「倒れた杉で木工品を作るそうだよ。食器を一組頼んでおいた」

絶対に使わないと宣言し、工藤さんは部屋に戻った。正直、自分の父親の馬鹿さ加減が情けなかった。


それから数日が経った。

最初に倒れたのは太田である。自宅で木工品の打ち合わせをしている最中、大量に吐血して緊急搬送された。

それを皮切りに、同じ症状で倒れる人が続出した。

あの日、洞に入り込んで写真を撮った者全員である。当然、工藤さんの父親もその一人だった。

胃に大きな穴が開いたのが原因だという。

残念ながら、搬送された全員が亡くなってしまった。

工藤さんは悲しくはあるのだが、まあ仕方ないかとも思ってしまったそうだ。

太田の土地は全て親類が引き継いだが、誰も現地まで来たことがない。

杉も倒れたままである。村人全員が、御神木を無残な姿のまま放置しておいて大丈夫かとは思っている。

祟りが現存するかどうかを確認するのは簡単だ。

誰かが祟られてみればよいだけなのだが、今のところ立候補する者はいない。

揺れる藁人形

その夜、春山さんは忘年会で遅くなり、タクシーで駅まで向かっていた。

地下鉄だと間に合わないだろうが、タクシーなら余裕で最終電車に乗れる。

ボーナス直後で懐も暖かい。酔っぱらって歩くのが面倒だ。タクシー代を奮発できる理由は十分だった。

車の流れも順調だ。目指す駅まで十二、三分だろう。タクシーの降車場から改札まで、ゆっくり歩いて五分。何ならトイレに行って、自販機でお茶を買うぐらいの時間すらある。

気持ちにゆとりができた春山さんは、何となく車内を見回した。

顔写真付きのネームプレート。江田恵一、人の好さそうなおっさんだ。ダッシュボードには奥さんと子供の写真も飾ってある。

ルームミラーに吊り下げられているのは、交通安全のお守りと藁人形。

え。何。藁人形って。

そんな馬鹿なと目を凝らす。

ゆらゆらと揺れるそれは、どう見ても藁人形そのものだ。民芸品的な飾りとか、何かのキャラクターグッズかとも思ったが、存在感が違う。

自分を誤魔化すのは止め、春山さんは懐から眼鏡を取り出し、じっくりと観察した。

乗車したときに気付かなかったのが不思議なぐらいの大きさである。

どうやら新品ではなさそうだ。薄汚れた藁からは、長年使い込まれた様子が見てとれる。

恐ろしいことに、人体で言うところの急所に何かが刺さったような穴が開いている。真っ先に思い浮かんだのは五寸釘。穴の縁が茶色くなっているのは、釘の錆が染みついたのだろうと想像できる。

結論として、これは現場で使用されていた実物だと判断するしかない。

実物だとしたら、飾る理由が尚のこと分からない。

何かしらのお守りになるのだろうか。いや、どちらかと言うと魔除けだな。もしかしたら、この運転手が呪っていた本人で、そのときの記念品かもしれない。

あれこれ思い浮かべていると、大きな交差点を過ぎた辺りで、運転手が唐突に話し始めた。

「いやー、ここら辺来ると思い出すんですよ。あそこに鳥居が見えるでしょ。ええ、あの左側の。そうそう。あの前で、女を乗せたんですよ。これがねぇ、かなり不気味でね。真っ白な着物なんです。で、素足に草履。そんなのがふらふらぁって道まで出てきたかと思うと、手を挙げた。私ね、止せば良いのに、反射的に近づいて止めちゃったんですよ。長年、身体に染みついてますからね、仕方ない。近づいて見ると、それほど若くない。乗ってきて、すとんって座ると、住所を言って、その近くで止めてくださいって。で、何も起こらないまま、もう少しで到着ってところで女が。あっと、お客さん、時間大丈夫です？　正面に着けたほうが良くないですか。じゃそっちに向かいますね」

どうやら正面口でも降車可能らしい。おかげで更に余裕ができた。

交差点を右に折れ、運転手は話を再開した。

「女がね、愚痴り出した。くそっくそっ、今夜で満願だったのに、邪魔しやがって、あのガキどもって。いやぁ、怖かったなぁ。物凄い顔してたなぁ。何がどうしたか訊きたかったんですけど、あの顔見たら怖くて怖くて。あ、駅着きますよ」

その話と、ルームミラーの藁人形がどう繋がるのかは謎のまま、春山さんはタクシーを降りた。

駅に入る直前、振り返って確認したが、やはり藁人形に間違いなかったという。

それから半年後。

春山さんは取引先の工場へ向かう為、電車を乗り継いだ先の駅でタクシーを拾った。

いつもは社用車で向かうのだが、緊急の案件で全て出払っており、確保できなかったのである。

走り出して数分後、春山さんは愕然とした。

ルームミラーに藁人形が吊ってある。

思わず運転手の名前を確認した。坂口良和。江田恵一ではない。顔も全く違う。というか、タクシーそのものが違う。

それなのに何故。

前回と同じように、春山さんは眼鏡を掛け、恐る恐る観察を始めた。

大きさ、質感、汚れ具合。穴の形、開いている箇所、縁の錆び具合。

どれを取っても、前回の藁人形と全く同じ物としか思えない。

もしかしたら、こういうのが流行っているのだろうか。

訊こう。運転手に訊くしかない。

そう決めた途端、運転手がいきなり話し始めた。

「あそこに森見えまっしゃろ。この前ね、あの森の前で変な女拾ぅてねぇ。白い着物で、素足に草履はいて、ふらふら立っとるんですわ。危ないなって思ってたら、パッと手ぇ挙げよるんですわ。思わず止めてしもた。あかんねぇ、習性やねぇ。見たらそんなに若くない女ですわ。するするって乗ってきて、住所言うて、そこの手前で降ろしてもらえますかと。そのまま黙りよった。ほんで、もう少しで着くってところで、女が急にぶつぶつ言い出してね。お。国道ダダ混みやなぁ。裏道通って行きますわ」

タクシーは交差点を左に折れ、細い道を進んでいく。

「女はね、こないなことを言うてましたわ。くそっくそっ、今夜で満願だったのに、邪魔しやがって、あのガキどもって。はい、着きました。正面でよかったですか」

走り去るタクシーの中で、藁人形がゆらゆらと揺れていた。

春山さんは呆然と見送っていたが、気を取り直して受付に向かった。

帰りのタクシーでは何も起こらなかった。

春山さんはその後、今日に至るまでの三年間で三度、藁人形を目撃している。

疑問は山積みだ。運転手にも見えているのか。見えたからどうなるというのか。

そもそも何故、始まったのか。終わらせるにはどうしたら良いのか。

その全てに答えは出ていない。

一つだけ分かっているのは、その女が失敗ばかりしているということだ。

誘蛾灯《ゆうがとう》

篠田さんが高校生の頃の話。

校内でコックリさんが流行ったことがある。

篠田さんのクラスで熱心に取り組んでいたのが、木本という女子を中心にした集まりだ。

木本は自他ともに認める心霊マニアだった。

普段から心霊スポットの探検は勿論、交通事故の現場見学や、呪術の実践までやっていた。

社会人の兄も同好の士であった為、現地まで車を出したり、ミーティングと称した食事会を開催したり、何かと援助してくれるのだという。

そのせいで、高校の昼休みは常に騒がしいものとなっていた。

木本が、廃屋の動画や画像を自慢げに見せつけるからだ。

「ほらここ、分かる？　女だよね、声聞こえたもん」

「うわマジやん！　エグッ！」

等々、大声で会話し、けたたましく笑う。そんな毎日にコックリさんが持ち込まれたらどうなるか。

当然ながら、教室内は更に賑やかになった。

到底、静かに休憩できるような状態ではない。だが、誰も注意しない。

木本は性格はともあれ、外見がアイドル級に可愛らしい。

加えて、男子に媚びる術を生まれつき体得しているような女子だ。

表だって苦情を言う男子生徒はいない。それどころか、ほぼ全員がファンと化している。

女子生徒も後のイジメを恐れているのか、無視か迎合を選ぶ。

篠田さんは、徹底的に無視を貫いた。けれどもそれは、他の生徒達とは違う理由によるものであった。

篠田さんは、いわゆる〈見える人〉だ。

幼い頃、篠田さんは生死の境目を彷徨う病に冒された。

幸い、無事に生還したのだが、そのときから霊が見えるようになったのだという。

篠田さんの説明によると、そういった存在の見え方は三つに分かれる。

まずは、辛うじて人の姿を保っているもの。見た目は、薄めた墨で描いた影絵だ。ぼんやりと漂い、輪郭が滲んでいる。

これが最も多い。大都会だろうが、田舎町だろうが、人が生活している場所なら必ずいる。

執着心や怨念というよりは、土地の記憶みたいなものかもしれない。

これらは基本、無視で良い。特に何もしてこない。というか、何かできるような力がない。

形を維持するだけで精一杯だろうと、篠田さんは推測している。

二番目は、明確に人の姿のもの。

これは黄色信号だ。自らの姿を定着できる程度の力がある。

出会った際は慎重な見極めが必要となる。

何故そこにいるのか、移動が可能か否か、特定の誰かに憑いているのか、それともフリーなのか。

篠田さんには、それが何となく分かるという。

そのレベルに達するまで、色々と怖い目に遭ったそうだが、それはまた別の話。

三番目が些か厄介である。

ハッキリ見えるどころではない。禍々しいオーラに包まれている。

そのオーラが黒なら、まだ何とかなる。辛うじて逃げ出すだけの余裕がある。

赤は駄目だ。

例えば実生活において、巨大な熊やライオンと出会ったらどうするか。しかも、空腹なのが丸わかりで、こちらを食べようとしている。

危険かどうか見定めている場合ではない。赤いオーラをまとう霊がそれだ。

空腹で、こちらを食べようとしている点が同じなのだ。

戦うなどとんでもない。全力で逃げるのみだ。

篠田さんは今までに、たった一度だけ赤いオーラに包まれた女を見てしまったことがある。

その女は、交差点の信号機の上に立ち、通る人をじっと見下ろしていた。

まるで夕陽のようなオーラをまとっていた。

早めに見つけたおかげで、篠田さんは近づかずに済んだ。

その後、どうなったかは分からない。興味を持つことすら危ないと思っている。

繋がってしまう可能性がないとは言えないからだ。

その交差点のときは、篠田さん以外でも、何となく不安な面持ちで遠回りした人がいた。

見えなくとも、嫌な予感が働いたのだろう。

とことん強烈な霊だと、そこまでの力がある訳だ。

そんな日常を送る篠田さんにとって、木本達の言動は幼い子供が遊んでいるようなものであった。

以前に騒いでいたとき、ちらりと動画を盗み見たのだが、墨絵の影すらなかった。

単なる風景を心霊動画と称して悦に入っている訳だ。

そのうち、本当の霊に遭遇して痛い目に遭うかもしれない。

忠告してあげたい気もするが、篠田さんが見える人だと分かったら、とことん利用されるのは間違いない。距離を置くほうが良いのは確かだ。


放課後になった。

篠田さんは生徒会で書記を勤めている。遅くなった日でも、教室で騒いでいる木本達を見たことがあった。

新たな心霊スポットが開拓できないのか、最近は専《もっぱ》らコックリさんに興じているようだ。

余程、気に入ったのだろう、木本達は短くても一時間、長いときは二時間以上遊んでいるらしい。

居座るのは生物室か、音楽室のどちらかだ。両方とも滅多に人が来ない場所である。

田舎町で遊ぶ場所がないとはいえ、もう少しマシな過ごし方があるだろうに、飽きもせず続けている。

教師も面倒なのか、一、二度注意しただけで放置している。校外で問題を起こされるよりマシなのは否定できない。

あんなもので夢中になれる人の気が知れない。

口には出さないが、篠田さんはそう思っている。

コックリさん自体も信じていない。自分で色々と調べた上で、あれは予期意向と不覚筋動が結びついただけだと結論を出した。

要するに、こうあってほしいと願う潜在意識が、無意識に筋肉を動かしてしまうのである。

動かしやすいように、指先だけで十円玉に触れるという不安定な状態を用意する訳だ。

自分が見える人だからこそ、何もかも霊のせいではないと分かる。

現状を分析し、正解を導くのは、見える篠田さんにとって容易いことであった。

木本達のコックリさんは、話にならない愚劣な時間の過ごし方としか思えなかったのである。

文化祭を間近に控えたある日のこと。

例によって遅くなった篠田さんが駐輪場に急いでいると、生物室から木本達の歓声が聞こえてきた。

またやってる。何が嬉しいんだろう。今日は特にうるさい。

「木本っち、良かったじゃん！　タケちゃんカッコいいしさ、めっちゃうらやま」

「まだ分かんないわよ。コックリちゃんが嘘吐いてるかもだし」

ああ駄目だ。幾ら何でも、コックリちゃんは良くない。

たとえ、コックリさん自体は霊と何の関係もない遊びだったにせよ、何処でどんなものが聞いているか分からないではないか。

中には短気な霊がいるかもしれない。

このまま放置してもいいのだが、教室に妙なものを招かれても困る。

とりあえず現状を把握しておこうか。

お節介な自分に苦笑しつつ、篠田さんは教室を覗いた。

目に入ったものが信じられず、篠田さんは一旦、窓から離れた。

見間違いではないのは分かっている。事態を受け入れるのに覚悟が必要なだけだ。

深呼吸して、もう一度そっと覗き込む。

「凄い」

思わず呟いてしまった。

いつものように騒ぐ木本達の周りに、数え切れない程の薄い影が群れている。

これほど大量の霊を見たことがない。一体何処から連れてきたのか見当も付かない。

もしかしたら、コックリさんが呼び寄せているのでは。

木本達が新たな質問を出す度に影が増えていくのが、何よりの証拠だ。

ただ、彼女達にそのような力があるとは思えない。

じっくりと観察し、ようやく謎が解けた。

コックリさんをやっている机の下に、女が一人いる。

膝を抱えて座っている。抱えた膝に顔を埋めている為、どんな状況の霊なのか判断できない。

セーラー服を着ているから、女だと判断したまでだ。

見えるレベルで言うと二番目。

黄色信号だが、赤に変わる寸前に思えてならない。そこまでの圧を感じてしまう。

木本が呼び寄せたのか、或いは偶々この近くを通りかかったか。

いずれにしても、このままだと集まってきた影達が、教室から溢れ出てしまう。

まずは、木本達に言ってコックリさんを止めさせなければ。
だがどうやって。周りに沢山の霊がいるから止めなさいとでも。
そんなことをしたら、見える人としてグループの戦力に組み込まれてしまう。
日常生活が壊滅状態になるのは目に見えている。
どう考えてもそれだけは嫌だ。
けれど、このままだと、こちらの被害も避けられない。
どうしよう、どうすればいい。
やはり、窓の外から声を掛けて外に連れ出すしかない。それもできるだけ急いで。
コックリさんを途中で止めたら危ないらしいが、今以上危ないことなどないだろう。
よし、やってみよう。
窓に近づいた篠田さんは、固めたばかりの決意を粉々に砕かれた。
判断が遅かった。テーブル下のセーラー服女が突然、テーブルの上に移動したのだ。
両手を上げ、低く唸り始めた。
徐々に空気が重くなっていく。それでも木本達は気付かない。
これはもう無理だ、こんな場所に入ったらどうなるか分からない。
黄色信号が赤に変わるまでに、ここから離れよう。それもできるだけ遠くへ。

篠田さんは窓から離れ、走り出した。あと少しで駐輪場というところで、先程のセーラー服の女どころではない凄まじい気配を感じた。

斜め前、正門の方角からだ。

泣きそうになりながら、そちらを見る。

女がいた。オーラが白く輝いている。

初めて見た。今までに見たものなど比較にならない。

輝き過ぎて、まともに見られない。篠田さんは自転車の陰で目を閉じ、頭を抱え、光が通り過ぎるのを待った。

近くを通ったとき、女が笑っているのに気付いた。

心の底から楽しそうな笑い声を聞いた瞬間、篠田さんは嘔吐してしまった。

女は木本達がいる教室に向かっている。

最後まで見届けるのを放棄し、篠田さんは全速力で自転車を走らせて逃げた。

帰宅してしばらくは、立てなかったという。

ぼんやり座っていると、救急車のサイレンが聞こえてきた。

一台ではない。複数の救急車が、学校のあるほうへ向かっていく。

「あの子達、無事だったら良いけど」

無理に決まってるよね、と誰に言うでもなく呟き、篠田さんはとりあえず風呂に向かった。

翌日からしばらくの間、篠田さんは休学した。親には体調が悪いからと曖昧な理由を告げてある。

時折、学校の近くまで行って様子を確かめる。

コックリさんを途中で止めたせいだろう。セーラー服の女の子が、まだ机の上に立っている。

影はまだまだ集まってくるようだ。

復学してから、篠田さんは生物室に入らないように心掛けた。幸いなことに、選択科目は物理だ。卒業まで何とかやっていけるだろう。

問題はあの白いオーラの女だ。校内を隈《くま》なく探してみたが、どうしても見当たらない。

もしかしたらと思い、篠田さんは木本の自宅に向かった。

この地域で一番大きな家だと自慢しただけのことはある。おかげですぐに見つかった。

木本の部屋も、あっという間に分かった。

窓から、あの強烈な白い光が溢れていたからだ。

四六時中、あんなのが側にいるのか。

これはどう考えても終わりだな。自業自得の最上級だ。
篠田さんの予想通り、木本は高校三年生になる前に人生から卒業してしまった。

簡単なアルバイト

豊田さんの家は、古い住宅街の一角にある。

豊田さんが子供の頃は住人も多く、賑やかな町だった。

都市開発の枠から外れた影響は大きく、ここ最近は寂れていく一方だ。

住人の平均年齢が上がり、子供の姿は滅多に見かけなくなった。

豊田さんの家も例外ではない。父は既に亡くなり、母は米寿を過ぎた。自身も還暦だ。

この町から出ていく選択肢もない訳ではない。寂れた町とはいえ、土地を売れば、何とか暮らしていける程度の金にはなる。

分かってはいるが、実際にやろうとすれば母が黙っていない。少なくとも、母が生きている間は不可能だ。

長年住み慣れた町から出るはずがない。

結局このまま、町とともに衰えていくしかないのだろう。

それも仕方ないと諦めた豊田さんだが、一つだけどうしても気になることがあるという。

裏通りの奥まった場所に、一軒の家が建っている。

河本という表札が掛かっているが、何十年も空き家のままだ。

この家には、決して入ってはならないと言われてきた。

住居侵入罪に問われるからという訳ではない。もっと単純な理由だ。

この家に入った者は即死すると言うのだ。

豊田さんが子供の頃には、既に空き家だった。入ってはならないことも当時から伝えられており、それは子供達の間にも浸透していた。

一度、蛮勇を誇る同級生が、今から河本の家に落書きをしてくると宣言したことがある。

翌日、その子の通夜が営まれた。

経緯は一切伝わっていないが、河本の家に入ったからだろうと噂が広まった。

これは、河本の家が禁忌の場として語り継がれる要因の一つとなった。

この町で暮らしていくと決めた豊田さんにとって、この家の存在は無視できない棘である。

何とかしたい。とりあえず、今でも禁忌は活きているのかだけでも知っておきたい。

どうしたものかと思案しているうち、豊田さんは根本的な疑問にぶち当たった。

そもそもこれは、誰が言い出したのか。

中に入って死んだ人がいたとして、どうやってその人を運び出したのか。

運び出す為には、中に入らねばならない。だとしたら、その人も即死する。

永遠に運び出せない。家の中は死屍累々《ししるいるい》たる有様になる。

矛盾しているどころの話ではない。

常に考えていたせいだろう、豊田さんは食事の最中にその疑問を呟いてしまった。

それを耳にした母親が呆れ顔で言った。

「何あんた、そんなこと信じてるの。あれはね、河本さんが死ぬ間際に言い残しただけよ。わしは死んだ後もこの家で暮らすからな、勝手に入る奴は殺すぞって。いつの間にかそれが、入ったら即死するになったのよ」

そんなことが発端なのか。

面白おかしく作り替えられたか、或いは伝聞が重なる内に変化していったのだろう。

あのとき、同級生が死んだのも、単なる偶然に違いない。

そう自分に言い聞かせてみたものの、心配性のせいか一抹の不安が残る。

この際だから、きっちりと確認しておいたほうが良い。

問題はその方法だ。作り話の可能性が高いとはいえ、自らが実験台になるのは何となく嫌だ。

あの同級生のように向こう見ずな勇気を持つ人材が欲しい。可能ならば複数名。

知り合いには見当たらない。以前働いていた職場の若い子を雇うという手もあるが、声を掛けて集めるのが面倒だ。

思いを巡らせるうち、妙案が浮かんだ。


豊田さんの自宅から五分程の場所に児童公園がある。

子供を見かけることのない町内だから、当然の如く無人のときが多い。

精々、犬の散歩中の老人が休憩しているぐらいだ。

夏が近くなった頃から、この公園に数人の若者が屯《たむろ》するようになった。町内の人間ではないことは確かだ。

原付きバイクでやってきて、夜中過ぎまで騒いでいる。老人しかいない町では、ろくに注意することもできない。

警察に通報し、解散させてもすぐにまた戻ってくる。

付近の民家は雨戸を閉めるぐらいしか対抗策がない。皆、諦めきっていた。

よし、あいつらを使おう。

心霊スポットも平気そうな連中だし、金が稼げると分かれば喜んでやるに違いない。

河本の家の禁忌が本物で、何人か死んだとしても何一つ困らない。むしろ、こちらとしては万々歳だ。

一人頭、五千円程度で動くだろう。そのぐらいなら貯めている金で賄える。

豊田さんは、逸る気持ちを抑えて夜を待った。

八時過ぎになり、待望の騒音が聞こえてきた。いつものように馬鹿丸出しの声で笑っている。

今夜は一段と馬鹿が増しているな。

苦笑を浮かべ、豊田さんは公園に向かった。

「こんばんは。ちょっと良いかな」

穏やかに話しかけたつもりだったが、たちまち狂犬の顔つきになって食いついてきた。

「何だよ爺さん」

「俺らに文句でもあんのかよ」

安っぽい恫喝を無視して、豊田さんは本題に入った。

心霊スポットを探検するだけで、金が貰えると知った若者達は歓声を上げた。

何故そんなことを頼むのか、真っ先に訊くべきところなのだが、それに気が付く者は皆無である。

中の様子を中継してもらう為、豊田さんは自分の携帯電話の番号を教えた。

善は急げとばかりに、若者達は豊田さんに従い、河本の家を目指して出発した。

「到着。ここだよ。懐中電灯を持ってきたから使ってくれ」

鍵が掛かっていたらどうしようかと案じていたのだが、若者達はあっさりとガラスを割って侵入してしまった。

一緒にいたら、不法侵入の共犯になると判断した豊田さんは、先程の公園に戻った。

待つ間もなく、電話が掛かってきた。

「もしもし？　さっきの爺さん？　あのさぁ、ここって空き家って言ったよな」

そうだと答えると、若者は不満そうに言った。

「人、いるんだけど。めっちゃ歳取ってる爺さん。え？　何？　この家の主だって言ってる。ははっ、マジかよ。出ていかないと殺すぞってさ」

次の瞬間、盛大な悲鳴が聞こえた。

何人もの悲鳴が響く中、唐突に電話が切れた。

折り返して掛けたのだが、何度やっても繋がらない。呼び出し音すら聞こえない。

何があったか見当も付かないが、これ以上待っていても仕方ない。

一瞬、警察へ電話しようかと思ったが、何かの罪になるかもしれないと考え直した。

結局、若者達は戻ってこなかった。

大事になるかもしれない。かなり不味いことになる気がする。

あいつらに携帯番号を教えてしまった。

見つかれば、繋がりがあると判断されるだろう。

バイトを頼んだだけだ、全てあの家の主がやったことだ。

そんな言い訳が通るとは思えない。

どう説明しても詰んでいる気がする。

豊田さんは諦めて、事が動くのをおとなしく待った。

ところが、一週間経っても何も起こらない。警察どころか、あいつらの仲間すら現れない。

結局、何事もなく今に至るという。

河本の家の謎は依然として解けないままだ。

何にせよ、入らないほうが良いのは明らかになったし、公園が静かになったのも有り難い。

バイト代を後払いにしておいたのも正解だった。

良い利用方法が分かったのが、最大の収穫だ。

「次、またうるさい連中が来たら、同じようにバイトを斡旋《あっせん》するつもりです」

豊田さんは朗らかにそう言った。

嘘は言ってない

絵美子さんは今年で八十五歳になる。

既に夫は他界し、子供達はそれぞれの家庭を持っている。

一緒に暮らそうと誘ってくれるが、一人暮らしが気楽で良いと断り続けている。

生活に不自由はない。身体も健康そのものだ。多少、物忘れが酷くなってきたが、嫌なことも忘れてしまえるから、むしろ歓迎している。

贅沢しなければ、楽に暮らしていけるだけの資産もある。写経や俳句など、仲間との交流も楽しい。

この家を終の住処にする理由には事欠かない訳だ。

が、こういった理由を上回るものがある。それは、大切な友人との約束であった。

江美子さんの家の隣に古い家が建っている。

貸家の看板が貼り付けられてあるが、見に来た人はいない。

担当している会社の人間すらやってこない。

以前の住人は、江美子さんと年齢も同じ、夫に先立たれて一人暮らしという点も同じだった。

色々と助け合ううち、家族以上に親密な仲となった。

お互いをエミちゃん、マリちゃんと愛称で呼び合うほどだ。だが、残念なことにマリちゃんは治らない病気を持っていたのである。

どういった事情があったかまでは分からないが、マリちゃんの死後も家は残った。

風の噂によると、所有権で揉めた結果、誰も手が出せない状態なのだという。

これは江美子さんにとっても朗報であった。

取り壊されて、駐車場やマンションになったら、環境が激変してしまう。

少なくとも、今現在の静かな暮らしは営めないだろう。

どう頑張っても、あと五年かそこらで私も寿命が尽きる。

それまでは売れずに残っていてくれたら、これほど有り難いことはない。

その為には、マリちゃんから頼まれたことを頑張ってやり遂げねば。

生前のマリちゃんは、自分が死んでからの予想を立てていた。

その予想通り、数年前から妙な奴らがやってくるようになった。

スマートフォンを構えながら、家に入り込もうとするのだ。

老婆の幽霊を見たという噂があるらしい。心霊スポット探検などと称しているが、勿論不法侵入である。

初めて見かけたとき、江美子さんは警察に通報した。まずは、そうするのが一番確実だと判断したからだ。

それで解決するのなら、マリちゃんとの約束を果たすまでもない。

が、結果としてその期待は見事に裏切られた。

管理が行き届いていない空き家への不法侵入は、後回しにされる。

他に緊急を要する事件事故が発生していたら、来てくれない場合すらある。

一度だけ間に合ったこともあったが、若者達が家に入る寸前だった為、注意だけで終わらせてしまった。

しかもその後、近所中の窓ガラスが投石で割られてしまった。犯人は特定できないが間違いなく逆恨みだ。

通報した江美子さんが陰口を叩かれる結果となった。

それ以来、江美子さんは警察を信用していない。

やはり、マリちゃんに頼まれたようにやれば良かったのだと心を入れ替えた。

マリちゃんは、こんなふうに言っていた。

「私、死んでからもあの家に居座るから。知らない奴らが入ってきたら、痛い目に遭わせてやるわ」

マリちゃんの名前をフルネームで言えるかどうかが、判断材料である。

家を訪ねるのに名前を知らないなんて、ろくな奴ではないという理屈だ。

エミにはそのフォローをお願いすると頼まれたのである。

この時点では、マリちゃんが何をするつもりか予想も付かなかったが、実際に経験したら一発で分かった。


とある夜のことだ。

江美子さんは、若者数名が窓ガラスを割って侵入するのを目撃した。

しばらくすると、家の中から悲鳴が聞こえてきた。

ああ、マリちゃん始めたか。

江美子さんは、ほくそ笑んで玄関の前に立ち、若者達を待った。

待つほどもなく、ふらふらと出てきた若者達に声を掛けると、中の一人が切羽詰まった様子で話しかけてきた。

「あ、あの、ここに住んでいた女の人の名前って知ってますか」

　ほら来た。

「どうしたの？」

「名前言えないと呪われるんです」

「あら大変。聞いたことあるわ、お婆さんが出てくるんでしょ」

「そうなんです、名前が言えたら許してくれるって、あの、知らないですか」

「ごめんなさいね、お互いに愛称で呼んでたから、名前は知らないのよ。貸家になったから表札もないしねぇ……」

「愛称でもいいです、早く戻って言わなきゃ呪われる」

「ええとね、マリちゃんって呼んでたわ」

あらあら、ありがとうも言わずに行っちゃったわ。マリで始まる名前、言い合ってるわね。

真理、麻里奈、真梨香、真理恵、数打ちゃ当たるか。

　でも絶対に当たらないわ。

江美子さんは、にんまりと笑って呟いた。

「呼びやすいようにマリちゃんにしたのよね。本名はメアリー、アメリカ生まれの人だもの」

命までは取られないらしい。ただ、記憶を一部消されるようだ。人によっては、子供同然にまでなっていた。

駅前の交番までの道を教え、気を付けて行きなさいねと見送る。

そこまでが江美子さんの役割である。

なかなか楽しいとのことだ。

結果待ちの話

大槻さんと仲間に起こった話。

仲間は尾形、それと橋本と小川。全部で三人だ。

尾形は、怖がりな癖に心霊スポットを探検するのが大好きという男だ。

他の仲間は尾形が怖がる様子が面白いらしく、暇を見つけては探検に同行していた。

この日はドライブを楽しんでいたのだが、目的地はやはり心霊スポットだった。

大槻さんは顔や口には出さないが、腹の底ではこういった心霊スポットを馬鹿にしていた。

今回も、それほど乗り気ではない。正直なところ、何が面白いのだろうと思っている。

懐中電灯を頼りに、足元が危ない中をこれといった目標もなしに歩き回る。

下手をすれば、不法侵入で捕まるかもしれない。

これなら、出来の良いお化け屋敷のほうが余程楽しめる。

とはいえ、それ以外は気が置ける奴らなのだ。言わなくてもいい愚痴や本音で、雰囲気を壊すほどでもない。

尾形は、そんな大槻さんの配慮に気付くこともなく、無邪気に騒いでいる。

「ええと、そこの道を左で後はまっすぐ」

何処で仕入れてきたのか、細かい情報を並べ立てる。

そうやって情報を共有する同好の士がいるなら、そいつらと行けばいいのに。

ほんのりと柔らかい言葉でそれを伝えると、尾形は口を尖らせて反論した。

「違う違う、これを見つけたのは僕なんだ。今日が初なんだぜ」

大槻さんは尾形の道案内に無言で頷き、車を進めていった。

海岸沿いを二十分程走り、車は朽ち果てた村落に到着した。後は歩きだ。

尾形を先頭にして、無人の村を進んでいく。

「あ。あれかな。庭に大きな木、半分崩れた塀、二階建てで開きっぱなしの玄関。うん、あれだ」

その家を見た瞬間、大槻さんは今まで経験したことのない感情に襲われたという。

何だこの気持ちは。俺は怖がっているのか。

いや、そんな単純なものではない。

もっとこう、何もかも諦めてしまうような。子供の頃、大きな地震に襲われたことがあったが、そのときの感覚に似ている。

絶望。そう、絶望だ。この家に入ってはいけない。ここには絶望が住んでいる。

霊感などというものには全く縁がない自分が、ここまで感じてしまうとは。

横にいる橋本は、ぼろぼろと涙を流し、鼻を啜っている。今にも声を上げて泣き出しそうだ。

背後にいた小川は身体の震えが止まらず、一歩も進めない。

大槻さんは、小声で二人に話しかけた。

「俺、怖くてたまらんのだけど。あの家に入ったら終わる気がする」

「お前もか。あれは駄目だよな。見るのもヤバい」

「帰ろう。なぁ、帰ろうってば。俺、死にたくない」

相談するまでもない。三人はなるべく家を見ないよう、顔を伏せてそろそろと歩き出した。

「あ。尾形は」

大槻さんは嫌々顔を上げた。

今正に尾形が家の中に入ろうとしていた。

電気が通っていないらしく、屋内は薄暗がりの世界だ。その暗がりから何か出てくる。

腕だ。無数の腕が尾形を掴もうとしている。

「尾形、止めろ。入るな」

大きな声は出したくない。この家の機嫌を損ねたら呪われてしまう。そんな気がして仕方がない。

当然、尾形に声は届かない。

尾形は「怖いな、これは凄いな。夢で見た通りだ。今回こそは出るんじゃないかな」などと言いながら、どんどん入っていく。

実は引っ張られていることに気付きもしない。

「どうする」

「どうするったって」

「俺、入りたくない。早く逃げたい」

三人が顔を見合わせ、同時に言った。

「置いていこう」

それしか思い浮かばなかった。三人は、尾形を見捨てて車に逃げ帰った。

しばらく待ったが、尾形は戻ってこない。クラクションを鳴らそうとして止めた。家を怒らせてしまう行為はしたくない。

とうとう橋本が泣き出した。小川も、帰りたい帰りたいと子供のように駄々をこねている。

それ以上、留まる理由がなかった。三人は尾形を見捨てたのである。

翌日、大槻さんは恐る恐る尾形の携帯電話を呼び出してみた。

待つほどもなく、尾形本人が出てきた。

「大槻か。どした？」

いつも通りの声だ。おかしな点は微塵もない。

「え。尾形、お前無事だったのか」

「は？　何が」

「いや、あの家で何もなかったのか」

「だから何が。家って何のことだよ」

何度聞いても埒が明かない。

驚いたことに、尾形はあの家に入ったことを覚えていなかった。それどころか、家に行った記憶すらないようだ。

「ああ、そうだ。お前、今週の土曜日の夜、空いてる？　車出してほしいんだけど。いつもの駅前まで迎えに来てくれない？」

断れる訳がない。こっちとしても会って謝りたい。大槻さんは二つ返事で了承した。

そして土曜日の夜が来た。

いつも待ち合わせる駅前まで向かう。

到着した大槻さんは、思ってもみなかった状況に驚いた。橋本と小川がいる。二人も大槻さんを見て驚いたようだ。

訊くと、二人とも尾形と約束していたらしい。

尾形が何をするつもりか気にはなるが、三人揃って謝罪できる機会だと考え、大槻さんはざわつく気持ちを抑えた。

約束していた時間より五分程遅れ、尾形が現れた。見た目は全く変わらない。

若干、目つきが鋭いぐらいだ。

「ごめんごめん、なかなか離してくれなくて」

「あの……尾形、この前は」

話しかけようとした大槻さんを無視して、尾形は車に乗り込んだ。

「みんな早く乗って」

大槻さんはともかく、橋本と小川は断ろうと思えば断れたはずなのに、何故か二人とも素直に尾形の言うことを聞いた。

「じゃあ行こうか。ええとね、とりあえず海岸線目指してくれる？」

「何処に行くんだ」

尾形は、待ってましたと言わんばかりに身を乗り出して答えた。

「凄く良い心霊スポットがあるんだよ。海岸沿いの道を二十分ほど北に走ったら朽ち果てた村に入るから。とりあえず行って。そこから後は俺がナビするし」

抗おうとしたが無駄であった。運転する以外のことができない。大槻さんは何かに導かれるように、道を進んでいった。

海岸沿いを二十分程走り、車は朽ち果てた村落に到着した。

後は歩きだ。尾形を先頭にして、無人の村を進んでいく。

「あ。あれかな。庭に大きな木、半分崩れた塀、二階建てで開きっぱなしの玄関。うん、あれだ」

いや待て、これでは先週と同じではないか。

尾形がこんなことを言った覚えがある。

ほら見えた。あの家だ。怖い。やっぱりあれは駄目だ、どうしたって駄目なんだ、あそこに入るぐらいなら死んだほうがマシだ。

湧き上がる絶望感も先週と同じだ。思わず顔を伏せた。

後ろで小川が震えている。帰ろう、死にたくないと繰り返す。

そうか。これほど同じことが続くと言うなら、尾形が家に引きずり込まれて終わりになるかも。

　僅かな期待を胸に大槻さんは、そっと顔を上げた。

　尾形が家に入っていく。その後ろに橋本が付いていく。家から溢れ出る腕が絡みついている。

「あ」

　たった一言しか出なかった。行くなとか戻れなどという言葉は一つも出なかったのだ。

　大槻さんと小川は、殆ど同時に走り出した。車に飛び乗り、今回は一秒も待たずに逃げた。

　駅前で降りた小川は、呆然と立ち尽くしたままだ。どうやら、足が震えて歩けないらしい。とうとうその場に座り込んでしまった。

　何とかしてあげたい気持ちはあるが、自分を守るのが先だ。

　帰宅した大槻さんは、携帯電話から尾形と橋本を削除した。効果の有無は関係ない。とにかく繋がりを断ちたかったのだという。

　そこまでやって、まんじりともせず夜明けを迎えた。

　携帯電話は一度も鳴らなかった。

　尾形はともかく、橋本の安否が気になるが、確認する勇気が湧いてこない。

　結局、大槻さんは全てを投げ出した。

その日から数えて、丁度七日目。

携帯電話が鳴った。未登録の相手だ。自動的に着信拒否になるように設定してある為、何度目かのコールで切れた。

また鳴った。切れた。鳴った。切れた。

間違いない。これは尾形か橋本のどちらかだ。大槻さんは覚悟を決め、電話に出た。

「もしもし、大槻?」

尾形だ。

「お前、今週の土曜日の夜、空いてる? 車出してほしいんだけど。いつもの駅前まで迎えに来てくれない?」

断っても無駄な気がする。

「分かった。行くよ」

流れからすると、次は小川だ。最後が俺か。どうにかして逃げなければ。

まずは情報だな。あの家の正体が分からないことには、対処のしようがない。

四方八方、手を尽くして調べてみたが、情報どころか噂話すらなかった。

大槻さんは、最後の最後まで抵抗するつもりでいた。何があろうと、奴らとドライブに行かない。携帯電話はキャリアごと変える。それでも駄目なら土曜日毎に街を離れる。何なら海外に逃げてもいい。

色々と考えた計画だったが、結局のところ全て無駄だった。

自分でも覚えていないのだが、気が付いたときには尾形と橋本と小川を乗せ、車を走らせていた。

小川は終始泣いていた。連れていかれるときも大声で泣いていた。

次はいよいよ大槻さんの番だ。

結果がどうなるか、或いは既に結果が出てしまったか。

現時点では不明のままだ。

ずっとそばに

中学生の頃、柏木さんはイジメの首謀者だった。

今の柏木さんを知る人には想像もできないだろうが、当時は相手をイジメるのが心地良くてたまらなかったのである。

裕福な家庭に生まれた柏木さんは、愛情深き両親と素直で可愛い妹に囲まれて育った。本来なら、憎悪や嫉妬、嫌悪などの感情とは程遠い女性である。

程遠くはあるが、無縁ではなかった。柏木さんの中には、本人も把握していない沼があったのだ。

イジメの対象は、同じクラスの川辺由美子。頭脳も外見も突出したところのない、至って普通の女の子だ。

気に障る言動など一つもなく、このクラスに来なければ幸せな青春時代を過ごしていただろう。

切っ掛けは今でも思い出せるという。由美子が、流行っていたアニメを話題にしていた。かなり深い考察で、柏木さんが想像もしなかったことを話している。それが悔しかっただけだ。

最初はくだらない悪戯から始まった。消しゴムや教科書を隠したり、上靴に砂を入れたり、小学生でもやるようなことだ。

馬鹿なことをやっている自覚があった。そのままの状況なら、数日で飽きて止めていただろう。

だが、由美子は少し気が強い子だった。

「ばっかみたい。何が楽しいんだか」

そう吐き捨て、全く相手にしなかったのだ。これが柏木さんの中の沼を溢れさせた。

あの気取った顔を泣き顔にしてみたい。悔しさや悲しさで、アニメのことを考えられなくなるほどイジメたい。その場面を想像すると、嬉しくて身震いしてしまう。

そういった感情には縁がないと思っていた柏木さんは、自分がおかしいのかと悩んだそうだ。

けれど、それは誰にでもあるのだとすぐに分かった。

イジメに参加する者が意外と多かったのだ。全員、由美子に何一つ悪意を抱いていなかったのは確かである。

誰でもいい、要するに日頃のストレスを解消する場所が欲しかっただけだ。

そんなくだらない理由で、由美子の地獄が始まった。

とにかく徹底的に無視する。会話は勿論、挨拶もしない。由美子には数人の友達もいたのだが、その子達も無視の対象にした。

公言はしていないが、由美子が原因だということは、ひそひそと伝わっていく。

由美子が孤立するまで一カ月も掛からなかった。

孤立してからは、やりたい放題であった。物理的な暴力は一切振るわない。証拠が残るようなことはしない。

ひたすら心を殴る。由美子が売春し、堕胎したという噂を流す。

万引きの常習犯だけど、身体を売って見逃してもらっている。

母親も身体を売って暮らしている。既に妹もやっている。売春一家だ。

そういった根も葉もない酷い噂を執拗に流した。

気丈に頑張ってきた由美子だが、悪意は形になって襲ってきた。噂を信じた他校の男子生徒数人に暴行されたのである。

結果、由美子は進級を待たずに自らの命を絶った。

その知らせを聞いたとき、柏木さんの頭に浮かんだのは後悔や反省ではなく、どうやって誤魔化そうかという一点であった。

学校側が必死で保身に徹した結果、イジメは立証されず、柏木さん達は何事もなく卒業を迎えた。

大学生活の為に引っ越した町では、柏木さんは清楚で可愛い女性として認識された。

正直、社会ってこんなもんかと呆れてしまったという。


柏木さんが大学生になって最初の夏。

友人達と食事中のことだ。ふと外を見た柏木さんは、街路樹の下に誰かが立っているのに気付いた。

一瞬で分かった。セーラー服の川辺由美子だ。自殺したはずだけど、助かったのか。

そう思わせるほど、由美子は自然に立っている。

「どしたん。何か見えるの」

友人に話しかけられ、柏木さんは我に返った。

「え、ああ、あの木の下に知り合いがいた気がして」

柏木さんの目線を追った友人は、誰もいないよと答えた。

それが始まりである。そのときから、由美子は頻繁に現れるようになった。

四六時中、見える訳ではない。

例えば朝。

柏木さんはテニスのサークルに所属しており、週に何度か朝練がある。

大好きな先輩に会う為なら、早起きも辛くない。それほど好きでもないテニスに熱心なのも、先輩の彼女になる為だ。

そこに由美子が現れた。

テニスコートの側に並べたベンチに座っている。何をするでもなく、ただ座って柏木さんを見つめている。

或いは昼。

学食で友人との会話を楽しんでいると、後ろのテーブルの上に立っている。

そのテーブルを使っている人達には見えていない。ここでも由美子は何もせず、突っ立ったまま柏木さんを見下ろしている。

そして夜。

他大学とのコンパで盛り上がっている店の片隅にいる。セーラー服のままなので、余計に目立つ。

店の客が一人だけ気付いたらしく、妙な顔でちらちらと見ていた。

何度も繰り返されるうち、柏木さんには由美子が現れる条件が掴めてきた。

由美子は、私が誰かと一緒に楽しく過ごしているときに現れる。恨んだり呪ったりするなら、何か行動に出れば良いのに、無表情で見つめてくるだけだ。ああそうか、要するにこいつには、生命力に溢れた人間に干渉する力がないんだ。単純に、羨ましくて仕方ないんだろう。

死んでからも、こんなにつまらない奴だなんて、心から笑えてくる。

それが分かってから、柏木さんは堂々と状況を楽しむことにした。

彼氏ができてからは、先に由美子の姿を認めてから愛し合ったりする。

旅行や遊園地も精一杯楽しむ。観覧車の外にいたときは、彼に見つからないように拍手したぐらいだ。

大学を卒業し、社会人になっても由美子は現れた。

一流企業の入社式、新入社員の歓迎コンパから始まり、社食や社員旅行にも由美子は現れた。

セーラー服が異様に目立つおかげで、より一層見つけやすくなった。

入社して三年目、柏木さんは同僚と結婚が決まり、寿退社となった。

結婚式、披露宴、二次会と由美子は立ち続けていた。

相変わらず無表情のままだ。キャンドルサービスの途中、由美子の真横を通りかかった柏木さんは、しみじみと言った。

「ああ、私幸せだわ。本当に生きてて良かった」

それでも由美子の表情に変化はなかった。

新婚生活は、新築のマンションで始まった。

真新しい家電製品、お洒落な食器、可愛らしい雑貨、そして由美子。

柏木さんにとって、由美子も内装の一つであった。

出産の現場にも由美子はいた。少しばかり気になったが、死者の前で生命を生みだすのだと思うと、気合いが入った。

柏木さんによく似た愛らしい女の子が生まれた。

柏木さんのたっての希望で、名前は祐美子になった。

無表情で立つ由美子の前で、柏木さんは優しく我が子に話しかける。

「あらあら祐美子ちゃん、どっさりうんち出たねぇ、綺麗にしてあげますね」

「祐美子ちゃんはママのおっぱいが大好きだもんね」

「祐美子ちゃん、可愛いから大きくなったら皆に愛されるわよ」

楽しくてたまらない。こんなに幸せでいいのだろうか。

祐美子ちゃんと由美子を見比べながら、朗らかに笑う日々が続いた。

成長した祐美子ちゃんは、何か感じてはいるらしい。由美子が立っている辺りを見ては、しきりに首を傾げている。

由美子が与えた影響は、僅かにそれぐらいであった。大きな病気や怪我とは無縁のまま成長した祐美子ちゃんは、有名な進学校に合格した。

夫はとんとん拍子に出世し、高級住宅街に豪邸を持つまでになった。

勿論、そこにも由美子は現れた。相変わらずセーラー服で無表情なままだ。

一年、二年と幸せな環境は変わらず、五年が経ち、十年が過ぎた。祐美子ちゃんは無事に大学生となり、都会で一人暮らしを始めた。

夫は海外支店の支店長として単身赴任中だ。

柏木さんは広い家で一人暮らしである。由美子は初めて見たときと寸分変わらぬ姿で、ずっと立ち続けている。

少し前のこと。何となく苛立った柏木さんは、由美子を睨みながら言った。直に話しかけたのは、それが初めてだった。

「あんたさ、何がしたいの。だらだら立ち続けて。さっさと成仏したら生まれ変われたかもしれないのに、馬鹿じゃないの」

勿論、何も反応は返ってこない。
その無表情な顔を見ながら、柏木さんはふと思った。
多分、あと何年何十年経とうが、こいつはこのまま居続けるのだろう。
私が年老いて、婆さんになってもこの若い姿のまま、側に立つのだ。
寝たきりになって、下の世話とかしてもらう姿を見られる訳だ。
いつの日か、私が死ぬときも、こいつはずっとずっとそばにいるのだ。
想像した途端、物凄く厭になった。

その日以来、柏木さんは除霊の方法を探し回っている。
色々試してみたが、全く効果がない。

とても爽やかな男

その日、佐々木さんは高校時代の友人である智佳さんを待っていた。

大切な相談事があるとのことだ。待っている間、高校時代に撮った画像を見返し、思い出に浸っていた。

画像の中では、満面の笑顔の佐々木さんの横で、茶髪の智佳さんがピースサインを出している。

智佳さんは、見た目からして明らかに不良っぽい女の子だった。

その他大勢の女子学生である佐々木さんとは、同じクラスだというだけの存在だったのだが、とある出来事が切っ掛けで急速に仲良くなったのである。

二学期が始まって間もない頃。部活動を終えた佐々木さんは、駅のホームで電車を待っていた。

少し離れたベンチに智佳さんが座っているのに気付いた。普段、挨拶すら交わさない相手である。そのときも、ちらっと見ただけだ。

が、佐々木さんは慌てて二度見した。

智佳さんの隣に人が座っている。正しくは、人の形に近い何かだ。

理由は分からないが、以前から嫌な気配を感じている場所だった。座っている何かは、徐々に形が固まってきている。

薄い墨で描いたような輪郭の滲みがなくなっていく。スーツ姿の男ということまで分かるようになってきた。

これはヤバい。直感で危険を察知した佐々木さんは、智佳さんに駆け寄って話しかけた。

「あ、あの私、同じクラスの佐々木だけど、今ちょっといい？」

困惑を通り越して、険しい顔つきで見上げてくる智佳さんに、佐々木さんは尚も話しかけた。

「変な男の人がいるから怖くて。助けてほしい」

智佳さんの顔色が変わった。教室では見たことのない真面目な顔で、軽く頷いて立ち上がった。

ベンチから離れるに従い、スーツの男はまた輪郭がぼやけていく。五分後には、元の嫌な気配だけが漂うまでになった。

「で？　何処なの、そいつは」

辺りを見回す智佳さんに、佐々木さんは思い切って状況を説明した。変な奴と思われ、クラスで孤立してしまうのも覚悟の上だ。

涙声で話し終えた佐々木さんだが、意外にも智佳さんはそっと頭を撫でてくれた。

「ありがと。助かった。あたし、憑かれやすいの。自分では分かんないんだけど」

そのときから二人は親友になった。それ以降も、佐々木さんは智佳さんに憑こうとする悪意を察知し、退けた。

高校を卒業し、それぞれが違う道を歩き出しても、その仲は変わらなかった。

なかなか会うことはできなかったが、こまめに連絡を取り合い、お互いの悩み事や愚痴を聞く付き合いが続いている。


久しぶりに見た智佳さんの姿に、佐々木さんは息を呑んだ。何と言うか、清楚そのものなのである。

茶髪のギャルのイメージは一切残っていない。智佳さんは照れ臭そうに微笑んでいる。

「何なの。ギャルは何処に片付けたのよ」

「やかましい。これからは清楚な智佳ちゃんでいくの」

軽いジャブを打ち合い、二人はランチに向かった。久しぶりの会話と食事を楽しんだ後、相談が始まった。

智佳さんは、スマートフォンを佐々木さんに見せた。爽やかな笑顔の男性の画像だ。

吉沢隆一、取引先の会社の人とのことだ。新製品の発表会で知り合い、その後も何度か商談の場に立ち会ううち、いつしか社外で会うようになった。そうやってデートを重ねるうち、とうとう結婚を申し込まれたらしい。

若手の出世頭で人望も厚く、趣味はテニスと料理、子供と遊ぶのが大好きという超優良物件である。

何を悩んでいるのか、それともこれは単なる自慢かと茶化す佐々木さんに、智佳さんは真面目な顔を返した。

「一つだけ問題があるの。吉沢さん、最近おかしな夢を見るらしくて。それが……女性の下半身が浮いているって夢で」

もしかしたら、私のせいで霊が取り憑いてしまったのかもしれない。そう思うと、いても立ってもいられなくなり、佐々木さんのことを思い出したのだという。

「もしよかったら、彼を見てあげてくれないかな」

大切な友人の幸せを守る為である。佐々木さんは二つ返事で快諾した。

次の金曜日、会社が終わってからテニスの約束がある。テニスコートのすぐ側に公園があり、そこからなら全体が見渡せる。

佐々木さんは早めに現地に到着し、智佳さんを待った。

予定した時間より五分早く、智佳さんが現れた。その後ろにいる男性が吉沢だろう。

テニスウェアのせいか、画像より更に爽やかな美男子に見える。

幸い、二人は佐々木さんが座るベンチ側のコートにやってきた。目線を合わせてくる智佳さんに、軽く頷く。

実のところ、ある程度の見当は付いている。これだけの男性だから、執着している女性も多いのではないか。

その内の一人が生き霊となって取り憑いているのでは。結婚の可能性が高まるにつれ、嫉妬の念も強くなったのだろう。

いずれにしても、十分注意して確認しなければ、こちらも危ない。

読書に耽《ふけ》っている体を装いつつ、吉沢を見る。特に怪しげな気配はない。あのとき、駅のホームで見た男のようなものは見当たらない。

半時間ほど経ち、智佳さんと吉沢が並んで休憩に入った瞬間、それは現れた。

吉沢の背後に浮かぶ女だ。夢に現れたのは下半身だけということだったが、全身が見えている。

それもかなりハッキリと分かる。着ている服すら判別できるぐらいだ。

女は項垂《うなだ》れたまま、ゆらゆらと揺れている。怖くてたまらなくなり、佐々木さんは思わず俯いてしまった。

だが、ここが踏ん張りどころである。もう少し情報が欲しい。なけなしの勇気をかき集め、佐々木さんは顔を上げた。

その瞬間、思わず悲鳴が漏れてしまった。身震いも止まらなくなる。

吉沢を取り囲むように沢山の女が浮いている。一人や二人ではない。二桁はいる。

全員が項垂れてゆらゆらと揺れている。自らの頭上で、そんな忌まわしい団体が蠢《うごめ》いているにも拘らず、吉沢は爽やかに笑っている。

逃げ出したいが、身動きすらできず佐々木さんは吉沢を見続けた。

そのおかげで、一つ分かったことがある。もしもあの女達が嫉妬からくる生き霊だとしたら、どうして智佳さんを無視するのか。

もしかしたらあれは、智佳さんのせいではなく、吉沢自身に元々取り憑いているものではないか。

そう思った途端、佐々木さんの耳に声が飛び込んできた。

かわいそうに。

今度はこの子なのね。

早く逃げなさい。


佐々木さんは、唐突に全てを理解した。あの女性達は、吉沢の犠牲者だ。散々弄ばれ、喰い尽くされ、全ての希望を失って自らの命を絶った。

そんな犠牲者達が取り囲んでいるのに、吉沢自身は全く気付いていない。

偶々、智佳さんという触媒に出会ったおかげで、とりあえず夢だけは見るようになったのだ。

佐々木さんは、もう一度吉沢を見た。笑顔も声も全て爽やかだ。思わず顔をそむけ、少し泣いてしまった。


その後、佐々木さんは智佳さんに全てを話し、すぐに別れるように命令した。

泣きながら頷く智佳さんは、その足で吉沢と会いに行ったらしい。

そのまま連絡が付かなくなった。

首を吊って自殺したと聞いたのは、翌週の月曜日だった。

遺書はなかったが、恋愛関係で悩んでいたと多数の証言が寄せられた。

恐らく、衝動的に死を選んだのだろうと言われている。
吉沢に真偽を確かめたいのは山々だが、恐ろしくて接触できないという。

女神に捨てられる

ただの愚痴が、思いがけない方向へ進むことがある。

田崎さんとの会話もそれだった。

会社への不満から始まった話は、学生時代の楽しかった思い出を中継点とし、とんでもないゴールに向かっていった。

その会話を時系列に沿って仕上げた話がこれだ。


田崎さんは気が滅入る日々が続いていた。

勤務先の工場に、リストラの嵐が吹き荒れているのだ。

田崎さんは営業部の課長として、それなりに成果も上げている。比較的安心な立場なのだが、完全に大丈夫とは言い切れない。

早い話、工場そのものが閉鎖される可能性もある。現に、北陸の工場は閉鎖が予定されている。

社内も何となくざらついた空気に満ちており、冗談を言って笑うことすら躊躇われる。

可能な限り、残業はするなと通達が来ている為、定時退社が続いている。

この分だと、ボーナスは期待できない。減額ならまだしも、支給されないかもしれない。

妻のパート先のスーパーマーケットは、順調に利益が出ているらしい。

臨時の報奨金が支給されるぐらいだ。

いざとなったら、あたしが稼ぐわなどと笑う。

悔しさと嫉妬が入り交じり、複雑な感情に振り回される毎日である。


学生時代は、全てが上手く回っていた。人生が楽しくてならなかった。

父親が大企業の役員をしており、遊ぶ金には困らない。イベント運営のサークルに所属し、他大学の女とコンパを重ね、やりたい放題の毎日だった。

女を抱くのが最大にして最高の娯楽、己の生きる目的だと気付いたのもこの頃だ。

これといった就職活動はしたことがない。親のコネで上場企業に滑り込み、当時としては先端分野の工場に配属された。

輝く未来が約束されたも同然である。社会人として、これ以上ないスタートだ。

四年間遊びまくって、亜沙美という従順な女と出会った。女としての魅力はないが、家を任せるにはまずまずだ。世間体も考え、とりあえず結婚しておいた。当然、女遊びは続ける。これは仕方ない、生きがいは止められない。

最近は専ら、資材部の琉奈という派手な女が相手だ。かなり執着心の強い女だから、深入りは避けている。

とはいえ、遊ぶには最適の女だ。しかも、ホテル代も出してくれるから、なかなか切ることができない。

何より身体の相性が抜群に良い。

妻の亜沙美は控えめでおとなしい女であり、抱いても面白くない。

何なら離婚したいぐらいなのだが、周りからの評判が良いだけに難しいところだ。

一緒に暮らし始めて分かったのだが、一人の人間として非の打ち所がないのだ。真面目で、出しゃばるところがなく、常に人を立てる。朗らかで冗談も好きで、気が置けない。

そんな完璧な女だから、いつの間にか場の中心にいる。

パート先でも、あっという間に売り場全員から頼られ、主任の地位を得た。ここ最近の収入は、殆ど田崎さんと並ぶ。

結構な額の貯金もある。投資も上手く回っているらしい。

田崎さんの給料がカットされても、今まで通り暮らしていけるだろう。要するに、家を任せるには最高の人材だったのだ。

田崎さんとは真逆の人間である。

身勝手な嫉妬は、冷え冷えとした黒い塊に形を変え、田崎さんの腹に溜まっていった。


結局のところ、田崎さんはリストラの対象になった。

それほど悪い条件ではない。逆に言えば、受け入れる以外の選択肢がないということだ。

戦力外通知を受けた屈辱と、これからの生活の不安が田崎さんをどん底に突き落とした。

何よりも、これを妻に報告するのが嫌で嫌でたまらない。酒の力を借りるしかなかった。

いつもより早く帰宅し居間で酒を飲んでいると、亜沙美も帰ってきた。

「早退したの？　具合でも悪い？」

かなり酔っていた田崎さんは、言葉を選ぶ余裕がなかった。

「クビになった。お前みたいな能なしは必要ないってよ。今日から俺は無職でーす」

亜沙美は全く動揺を見せず、大丈夫よ私がいるからと笑顔で言い残し、台所に向かった。

それが、僅かに残っていた田崎さんのプライドを粉々に破壊した。

腹に溜まっていた黒い塊が一気に脳に駆け上り、前頭葉を揺さぶる。

田崎さんは足音高く台所に向かい、料理中の亜沙美を怒鳴りつけた。

「何だよ。私がいるからってのは何なんだよ。お前、何様だ。俺をバカにしてんのか」

亜沙美は恐怖を露わにした顔で、必死に弁解した。

「ごめんなさい、そんなつもりはなかったんだけど。私、頑張って働くから、しばらくはゆっくりしたら」

我慢の限界だった。やっぱりこいつは俺を見下している。人をヒモ扱いしやがって。

田崎さんは亜沙美の顔面を殴り、首を絞めた。

頭の中で誰かが応援してくれている。

やれ、やってしまえ、殺せと大声で叫んでいる。何だか聞き覚えのある声だ。

その声に励まされ、田崎さんは両手に力を込めた。そのままだったら、確実に殺していたという。

それを止めたのは、左太腿の激痛だった。

亜沙美は料理中だった。必死で振り回した包丁が、田崎さんの太腿に刺さったのだ。

刺された衝撃と激痛、それと溢れ出る血の温もりが田崎さんを正気に戻した。

亜沙美は咳きこみながら、田崎さんを押しのけて居間に逃げた。

追いかけようとしたが、痛みが邪魔をする。何とか居間に辿り着いたときには、既に亜沙美は玄関に向かっていた。

ドアを開けた亜沙美は、痛さで呻く田崎さんを睨みながら言った。

「もういいわ。頑張ったけど、もう無理。離婚は弁護士に任せる。荷物は業者に頼むから触らないで。貯金は慰謝料と、この怪我の治療費に全額貰う」

初めて聞く冷たい声で一気にまくし立て、亜沙美は家を飛び出していった。

追いかけようとした瞬間、田崎さんは背後から声を掛けられた。

「ほっときなさいよ、あんな女」

驚いて振り向くと、天井近くに琉奈が浮かんでいた。

呆けたように口を開けたままの田崎さんを見下ろしながら、笑顔の琉奈は徐々に薄れていく。

完全に消えた瞬間、玄関のドアがノックされた。

亜沙美が帰ってきたのかと足を引きずりながら急ぐ。

だが、そこにいたのは、ついさっき消えたはずの琉奈だった。

「こんばんは」

どういうことか理解できず、固まったままの田崎さんに笑いかけ、琉奈が言った。

「とりあえず病院行こ。話はそれからでいいでしょ」

出血と激痛が判断力を低下させている。田崎さんは琉奈の運転で病院に向かった。

幸い、太い血管は切れておらず、手術はせずに済んだ。帰宅する途中、琉奈はずっと鼻歌を歌っていた。

車庫から玄関に向かう間も、鼻歌は止まらない。琉奈は御機嫌な様子でドアを開け、案内もなしで居間に向かう。

ゆったりとソファーに腰を掛け、足を組んで部屋を見渡す。

「うわ、血だらけじゃん。ちゃんと掃除してよね。今日からあたしも住むんだから」

色々と訊きたいことはあるが、真っ先に知りたいのはあのことだ。

「お前さ、俺の後ろに浮いてただろ。あれ何だよ」

琉奈は足を組み替え、ニタリと笑って言った。

「あたしの生き霊よ。あんたが怒ったから、それに乗っかって少しだけ入り込めた。応援したの聞こえたでしょ」

琉奈の話によると、亜沙美の力が凄まじく強く、それまでは覗き見するぐらいが精一杯だったという。

「あの女、多分だけど意識してやってないわね。持って生まれた力って奴ね。おかげでマジ苦労したわー」

その夜、足の痛みを堪えながら、田崎さんは琉奈を抱いたという。亜沙美のことは気にもならなかった。

金なら親父に言えば何とかなる。これからは好きなようにやらせてもらう。最初に描いていた人生のやり直しだ。


翌朝、目覚めた田崎さんの横に琉奈が突っ立っていた。尋常じゃない顔色だ。

「あたし、やっぱ出ていくわ。死にたくないし」

何があったか訊くと、琉奈は真顔になった。

「あんたさ、クズなのは知ってたけど、酷過ぎるよね」

眠っていた琉奈は、夜明け近くに無理矢理生き霊を引きずり出されたという。

やったのは、四人の女の霊だ。その女達全員が田崎さんに憑いているのは明らかだった。

琉奈と同じく、亜沙美がいなくなって堂々と姿を現したのだ。

女達は、田崎さんに憑いている理由を教えてくれた。その上で、琉奈に家から出ていくほうが良いと忠告したらしい。

琉奈は、田崎さんに四人の名前と憑いている理由を言った。

その全てに心当たりがある。大学生の頃、身体が壊れるまで弄んだ女、サークル全員で強姦した女、知り合いの半グレに売り飛ばした女。妊娠したといった女は、腹に膝蹴りを何度も入れて堕胎させた。二人が病気で死に、二人は自殺した。

「全員があんたを不幸にしようと一致団結してる。大きな肉団子みたいになって頑張ってる。あたしはその中に入りたくない。奥さんと別れたのは失敗だったねー」

琉奈は、あんた達の邪魔しないから好きなようにどうぞと言い残し、部屋を出ていった。

その瞬間、けたたましい笑い声が部屋中に響きわたった。


田崎さんは今、辛うじて生きている。

それまでに蓄積していた不幸が、堰《せき》を切ったように溢れ出した。

再就職は全て背後の四人に邪魔された。面接中に耳元で騒がれたら、まともに受け答えできる訳がない。

実家は火事で焼け落ち、両親も亡くなってしまった。意外なことに父親は多額の借金を抱えており、遺産相続を放棄するしかなかった。

ローンが払えなくなり、家は競売に出された。今現在は、生活保護を受けながら、崩れ落ちそうなアパートで暮らしている。

食事もまともに取れていない。元々痩せていたのに、体重は三十キロを切ってしまった。

その癖、不思議と病気や怪我はしない。

無理矢理、生かされているといったほうが正解かもしれない。

何か不幸な出来事が起こる度、背後で女達が笑う。

もう死ぬしかないのかなとも思い、何度か自殺を試みたこともあったが、全て失敗に終わったという。

「多分ですけど、死ぬなんて楽なことやらせてくれないんですよ。ま、もうどうでもいいんですけど。とりあえず、死ぬまでにもう一度女抱きたいなぁ」

田崎さんは最後に真顔でそう言った。

長生きしてね、お父さん

今朝も須藤さんは町内を掃除している。

誰かに頼まれた訳ではない。本人が始めた奉仕活動だ。

掃除して綺麗になった道を見ると、心まで綺麗になった気がするそうだ。

何年もやっているうち、同じ道だけでは物足りなくなってきた。

もう少し、あと少しだけと活動範囲を広げていく。

そして須藤さんは、究極の場所を見つけた。

神社の境内である。常駐の神主がいない為、氏子が管理していると聞いた須藤さんは、我こそはと名乗り出た。

時間と手間の掛かる掃除を無給でやりたいという物好きの登場だ。神社としては拒否する訳がない。

むしろ大歓迎である。こうして須藤さんは、やりがいのある場所を手に入れることができた。

朝早くに神社に着き、参拝を終えてから掃除に取り掛かる。

ざっくりとゴミを拾い集め、綺麗に掃いていく。落ち葉や枯れ枝を一箇所に集め、量が多いときは焼却処分とする。

一週間も経たない内に、見違えるほどの神社になっていた。

掃き清められた境内を眺めていると、善行を積んでいる満足感で自然と笑顔になれる。

さて、もうひと踏ん張りである。

その日は、かねてからの懸案事項に着手するつもりだった。

絵馬の整理整頓である。

こんな寂れた神社でも、絵馬を掛ける場所はある。

絵馬は箱に入れて販売している。農家の野菜販売所のようだ。奉納したい人は、箱から絵馬を持ち出し、料金箱に代金を入れておく。

そのほうが気楽にやれるのか、割と売れているようだ。掛けられた絵馬には最近の日付もある。

だが、残念ながら絵馬掛け所の乱雑さが酷過ぎる。お炊き上げすることになっているのだが、何年か分をまとめて行う為、場合によっては溢れかえるのだという。

氏子の代表者からは、須藤さんの判断で間引きしてほしいと頼まれていた。間引きした絵馬は、社で保管しておくとのことだ。

正直、掃除好きなだけの素人が担当するべき作業ではない。が、綺麗にしたいという欲求は抑えられない。

須藤さんは腕まくりして、まずは絵馬を調べ始めた。

一列ずつ外し、日付を調べていく。やはり、古い物もそのままである。最も古いもので三年前、内容は合格祈願だ。

面白いもので、掛ける場所にも差が出てくる。多分、掛けやすいか否かの違いだろう。一番下の列の端などは、掛かっていても五、六枚程度だ。

要領が分かってくると、仕事に余裕が生まれてきた。

須藤さんは、いけないことだと承知の上で、絵馬の内容を楽しみつつ作業を進めていった。殆どが家族の無病息災だ。残りは合格祈願や安産。同じ町内の人もいる。知っている名前を見つけると、殊更熱心に読んでしまう。

宝くじが当たりますようにとか、彼女ができますようになどという不謹慎なものもある。どちらも町内の同じ若者だ。

しっかりと名前を覚えておく。中には、おじいちゃんの病気が早く治りますように、などというものもある。手術の成功を切々と祈るものもあった。

皆、それぞれがそれぞれの幸福を願っているのだ。読んでいると胸が詰まってくる。

何だか、絵馬というより、小説を読んでいる気になってきた。

作業を進めていき、一番下まで辿り着いた。右隅の絵馬を調べた須藤さんは、思わず渋面を作ってしまった。

小さな文字でビッシリと書き込まれている。他の絵馬のように、備え付けの筆記具を使っていないようだ。

極細の筆記具を持ち込んだのだろう。同じような絵馬が何枚もあった。それぞれの絵馬に続き番号が振ってある。

八枚の絵馬を使ってまで叶えたい願いがあるのだろうか。

一番最後に記された名前に覚えがある。最近は書かない人も多いが、きちんと住所まで明記してある。

間違いない、自宅の隣の娘さんだ。

「あの理絵ちゃんがねぇ、こんな細かい字で何を書いたんだろ」

それは神様への告訴状だった。

今日、父が倒れました。内臓系の病気が重なったそうです。父は誰にも言わずに我慢していたようです。

自分がもうダメだと分かったみたいで、私を枕元に呼び寄せました。

そこで父は、こんなことを言いました。

お前の左手と左足が麻痺しているのは、幼い頃に罹《かか》った病気のせいではない。

実はあれは俺のせいだ。俺が子守りをしていたとき、誤って階段から落としてしまった。

離婚してすぐのことだ。父さん、仕事と子育てで寝てなかったんだよ。

うとうとってして、気が付いたら落としてた。

すぐに泣いたから大丈夫かと思ったんだ。瘤も何もできてなかったし。

けど、少ししてから段々とお前の左手は動かなくなっていった。

足も上手く動かせないようで。

ああ、これって頭打ったからだろうな。これ、医者に行ったらバレるよな。

そうなると職場に居辛くなる。下手したら仕事なくす。こいつは母親に奪われてしまう。

よし、黙っていよう。このままで行こう。そのうち動くようになるさ。

父はそう判断したそうです。

私は、小さなときから沢山の夢を諦めてきました。左手と左足が動かず、左の目も見えなくなってきて。

やりたいことや、行きたい場所、大好きになった人、全部諦めた。全部諦めたの。

でもそれは病気だから仕方ないなって、そんな私でも愛情たっぷりに育ててくれた父に感謝してたの。

感謝してたの。感謝。

あの糞野郎に。

何だそれ。お前が原因かよ。バレるのが怖いから放置しただと。早く医者に診せたら治っていたかもしれないのに。

言うだけ言って、スッキリして死ぬって、そんなん勝ち逃げじゃん。

アホか。逃がすか。絶対に死なせない。生きて、苦しんで苦しんで苦しんでもらう。

神様。どうかお願いです、私のお父さんを助けてください。死なせないでください。

代わりに何でも差し上げます。どうかお願い、お父さんを長生きさせてください。


読み終えた須藤さんは、しばらく動けなかったという。

理絵ちゃんの姿を思い浮かべながら、絵馬を読み返した。

確かに、理絵ちゃんは左足を引きずりながら歩いている。左手も全く動かない。左目は殆ど見えていないようだ。

それでも常に笑顔を絶やさず、元気に挨拶して仕事に向かっている。

そういった人が働ける作業所があるらしい。父親は酒浸りだが、辛うじて仕事はしている。

貧しいながらも幸せな家庭だと思っていた。笑い声もよく聞こえてきた。

その裏にこんなことがあったのか。

そういえば、父親は二カ月前に救急搬送されている。普段から吐血を繰り返していた。

娘から叱られていたのも記憶に新しい。

もうダメだろうねと町内で囁き合っていたのだが、父親は無事に退院してきた。

それ以来、ずっと家で養生しているが、生きているのは確実だ。


この絵馬は人目に触れてはいけないな。

一旦は燃やしてしまおうと思った須藤さんだが、ふと考え直した。

むしろ、知ってほしくて絵馬にしたのではないだろうか。世間一般に対する告訴状でもあるのだ。

須藤さんは、絵馬を元の位置に掛け直した。

「ありがとうございます。燃やさないでくださいね」

真後ろで理絵ちゃんの声がした。驚いて振り返ったが、誰もいない。

理絵ちゃんは、声を掛けてすぐに逃げられるような身体ではない。

それでも、聞き間違いとは思えなかった。それほどハッキリと聞こえたのだ。

その日の清掃を終え、自宅に戻る途中、須藤さんは駅から帰ってくる理絵ちゃんに気付いた。

左足を引きずりながら、独特のステップで歩いてくる。

いつもの笑顔だ。須藤さんはふと気付いた。あれは笑っているのではなく、引き攣《つ》っているんだな。

理絵ちゃんは、須藤さんに会釈してすれ違い様にこう言った。

「さっきはどうもありがとう。燃やさないでくださいね」

それから半年後、理絵ちゃんの父親は亡くなってしまった。

須藤さんも葬儀に参列したが、生前とはあまりにも違う姿に驚いたという。

肥満体の範疇《はんちゅう》だったのに、激痩せして骨と皮だけになっていた。

何故か、左目が開いたままだ。どうやっても閉じないらしい。

理絵ちゃんは最初から最後まで泣き通しだった。

今現在、理絵ちゃんは一人暮らしのはずなのだが、たまに男の声が聞こえてくるという。

須藤さんも聞き覚えのある声――死んだはずの父親だ。

父親は、ぐずぐずと泣きながら、もう勘弁してくださいと繰り返している。

理絵ちゃんは楽しそうに笑っているそうだ。

深い闇の底から

十四歳の春、早野さんは森山さんと出会った。

父親の仕事の影響で、転校を何度も経験している早野さんは、人付き合いが苦手だった。すぐにまた転校するかもしれないと思うと、友達が欲しくても最初の一歩が踏み出せないのだ。

今回の転校でも状況は同じだった。

話し相手すら見つからないまま、何日も経っている。

どうせまた、すぐに転校だし。とりあえず、イジメの対象にならなければそれでいいや。

そんな切ない思いを胸に、早野さんは重い足取りで学校に向かった。

もう少しで正門というところで、早野さんは道端にしゃがみ込んでいる女の子を見つけた。

通りすがりに横目で確認する。確か、同じクラスの子だ。

どうやら靴紐が解けてしまったようだ。左手を怪我しているのか、包帯が分厚く巻かれており、実質的に使えるのは右手だけらしい。

片手だけで靴紐を結ぼうと四苦八苦していた訳だ。

人付き合いは苦手だが、困っている人は別だ。むしろ積極的に関わってしまう早野さんである。

「ちょっと待ってね」

しゃがみ込んで、紐を結んであげた。小さな声でありがとうと返ってきた。

それが始まりだ。

休み時間に近づいてきたその子は森山と名乗り、改めてお礼を言った。

そこから、驚くほど会話が弾んでいった。

お互いの性格が似ていたせいもある。父子家庭という環境も同じだった。

色々と話しているうち、早野さんは抱え込んでいる悩みを何となく口にした。

転校が多くて、友達ができないし、人付き合いも苦手になっちゃって。

そう打ち明けると、森山さんは優しく微笑んで言った。

「じゃあ、私が最初の友達だね」

泣きたくなるほど嬉しい言葉だった。

この日を境に、早野さんと森山さんは急速に親密になっていった。

二人とも部活動には参加しておらず、放課後も共に過ごせた。

図書室で勉強に励み、学校の近くにある神社で無駄話に花を咲かせ、将来の夢を語り合う。

時には早野さんの自宅で大好きなアニメを見たりする。

ただ、森山さんは早野さんを家に招こうとはしなかった。

「うちは貧乏だし、汚いから」

貧しいのはお互い様である。早野さんの家も、裕福なほうではない。

そう言うと、森山さんはしばらく黙り込んだ後、俯いたまま呟いた。

「お父さんに叱られるの。他人を家に入れるなって。それは罪なの。だから、罰として酷い目に遭う」

酷い目とは具体的にどのようなことを指すのか。

答えを聞いた早野さんは、身体が震えるほどの怒りを覚えた。

あの左手の怪我も、その一つだったのだ。

「あれは買い物中、男の人に道を教えた罪なの」

罪を犯す前に止めれば良いのだが、父親は敢えて見逃すそうだ。一旦、罪を犯したほうが良い経験になるという理屈らしい。

そうしておいて、その日の夜に罰が執行される。

異性と話した罪は重く、左手の小指を折られた。

悲鳴を上げることは許されない。更なる罰を招いてしまう。必死で耐えねばならない。

「髪飾りも罪なの」

勉強中、垂れてくる前髪を留める為に百円均一店で購入した物だ。

そんなに邪魔ならこうすれば良いと髪の毛を引きちぎられ、ゴミになるから食えと言われた。

なかなか飲み込めないでいると、反省が足りないと罵られ、バケツの水を大量に飲まされた。

「生活の全てに罪の可能性があるの。多分、他人を家に招くのは重罪になると思う」

気持ち悪い話をしてごめんねと、森山さんは涙をこぼしながら謝った。

初めての友達の悲痛な涙を無視できる訳がない。

早野さんは、森山さんを救う決意を固めた。が、それを森山さんに告げる訳にはいかない。

森山さんが断るのは目に見えているからだ。とはいえ、自分一人が頑張っても限界がある。

大人の力を借りるべきだ。それも、一般人ではなく行政の力。

自分の父親の顔も思い浮かべたが、すぐに諦めた。

仕事ばかりで家庭を顧みず、挙げ句の果てに母に逃げられた父が、他人の面倒などみる訳がない。元々、他人に興味がない人なのだ。

ニュースとかで知る限り、児童相談所は当てにならないと思える。と言うか、ここまでの酷い暴行を受けているのだから警察でもいいはずだ。

電話では全てを上手く伝え切れないかもしれない。

早野さんは、思い切って派出所に向かった。

幸い、相手が中学生でも警官は真剣に話を聞いてくれた。

指を折られ、髪の毛を引きちぎられた件に関しては、明らかに犯罪であると断言してくれた。

警官は、とりあえず現場を確認すると約束してくれた。クラスの名簿で調べた森山さんの住所を伝え、早野さんは派出所を後にした。

これで少しは進展が期待できる。まだできることはあるだろうが、とりあえず結果を待つしかない。

一日が経ち、二日が過ぎた。何一つ連絡がない。

森山さんは、ずっと学校を休んでいる。それが気になって仕方ない。

そして三日目の夜。

早野さんの家の玄関が、怒声とともに激しく叩かれた。

「俺の教育を邪魔する奴がいるだろ、そいつ出せよ。警察に通報しやがった奴を早く出せってんだ」

初めて見る森山さんの父親は、ごく普通の外見だった。何処にでもいるような男性である。だが、目つきが違う。猛禽類の目だ。睨むというより、相手が食えるかどうか値踏みしている目だった。

「残念だったな、あんなもんは幾らでも誤魔化せるんだよ、ばーか!」

近所の住人達が何事かと顔を出してくれなければ、大事になっていたかもしれない。

偶然にも、遠くでパトカーのサイレンが鳴ったのも幸いした。

森山さんの父親は慌てる様子もなく、ゆったりと帰っていった。

早野さんは、このとき初めて父親に事情を話した。

話している内に涙が溢れて止まらなくなった。

そんな娘を見ながら、父親はあっさりと言った。

「あんな人間を父親に持ってしまった時点で詰んでるんだよ。お前如きが幾ら頑張っても、どうにもならん。付き合うのは止めろ。もっとマシな友達を作れ」

結局、誰一人助けてくれないのだ。

大人達の大半は、暴力に勝てないということが嫌というほど分かった。

ならば私が助ける。

森山さんを連れて、そういうのを得意とする公共団体に保護を求める。社会が動かざるを得ない状況に持っていく。

早野さんは再び決意を固めた。

まずは、森山さんの無事を確かめねばならない。平日の昼間なら、森山さん一人のはずだ。

いつものように家を出た早野さんは、その足で森山さんの家に向かった。

地図を頼りに来てみたが、何だか辺りの雰囲気が違う。何処となく荒《すさ》んでいるように思える。

怯む心と竦む足に喝を入れ、早野さんは森山さんの家に着いた。

そこにあったのは、人が住んでいるとは思えない掘っ立て小屋であった。

そろそろと玄関の引き戸を開け、中を覗き込む。

森山さんがいつも履いている靴があるだけだ。

小声で呼びかけてみた。返事がない。

とんでもないことをしている自覚はあるが、このまま待っていても仕方がない。

早野さんは靴を脱いで上がり込んだ。耳を澄ませてみる。左の奥から物音がした。

うう、ああと呻く声も聞こえてくる。森山さんに違いない。何かされたのかもしれない。

「森山さん、ここにいるの？」

四畳半の部屋だ。森山さんは正座している。口から絶えることなく、呻き声が漏れる。

近づいた早野さんは息を呑んで立ち竦んだ。

森山さんの耳が塞がれている。色や質感から察するに粘土のようだ。

それだけではなく、尖ったほうを上にした針が何本も立っている。

これではまともに音は聞こえないだろう。取り除こうとすれば指に針が刺さる。

それよりも問題なのが目だ。

瞼が開かないように、糸で縫い付けてある。

森山さんは視覚と聴覚を奪われた状態で、ずっとここにいたのだ。

どうにかして、自分がここにいることを教えたい。目も耳も塞がれた相手に気付いてもらうには、身体に触れるしかない。

早野さんがそっと触った瞬間、森山さんは小さく呻きながら逃げようとした。

耳の詰め物を取り除く暇はない。大声も出せない。早野さんは森山さんを強く抱きしめた。

森山さんにも、相手が女の子だと分かったらしい。

動くのを止めた森山さんの手を取り、掌に指で〈は　や　の〉と書いた。

「は……やの……さん」

掌に丸印を書く。

「だめ……ここにいたら……にげて、はやくにげて、すぐにお父様が帰ってくるから」

塞がれた瞼の隙間から涙をこぼしながら、森山さんは必死に言った。

玄関から、その言葉を裏付けるような声が聞こえた。

「おや。友達が来ているのかい」

異様に優しい声だ。

「もしかしたらあれか、早野さんかな。いらっしゃい」

虫も殺さないような温和な顔で、森山さんの父親が現れた。

恐怖に震える早野さんの様子で、父親が帰ってきたのを察したのだろう。

身動きできない早野さんを庇い、森山さんは立ち上がって両手を広げた。

温和な顔はそのままに、父親の声の調子が変わった。

「勝手に人を家に入れたのか。重罪だな」

森山さんは、もう一度大声で逃げてと叫び、両手を思い切り振り回しながら前に進んだ。

殴ろうとしたのではなく、父親の居場所を知る為なのが分かった。

上手くしがみつけた森山さんは、何とかして父親を押し倒そうとしている。

その横をすり抜け、玄関に走る。背後で父親が怒鳴っている。

「父親の邪魔をした罪。死刑に値する」

早野さんは靴を手に持ち、悲鳴を上げながら玄関から飛び出した。近所の住人は顔も出さない。

泣きながら走って逃げる途中、何人かとすれ違ったが、全くの無反応だったという。


帰宅後、早野さんは激しく後悔した。

自分が行ったことで、森山さんはあれ以上の罰を受けてしまう。

どうしよう、もしかしたら森山さんは殺されてしまうかもしれない。

今度こそ警察に通報するべきだ。迷っている場合ではない。

だが、もしもまた何もしてくれなかったらどうなる。あの父親は間違いなく、ここに来る。それは嫌だ。あんなのが来たらお終いだ。どうしても避けたい。

自分の身に火の粉が降りかかる可能性があると知り、早野さんの正義の心は急速に萎んでいった。

仕方ない。私は子供なんだから。あれは関わってはいけない種類の人だもの。それに私、この土地もすぐに引っ越すんだから。

言い訳は幾らでも作れた。その夜、早野さんは言い訳を反芻しながら眠りに就いた。

特に悪い夢も見ず、スッキリと目が覚めたという。

その後、予想していた通り、早野さんの父親はまた転勤が決まった。

転校することを教室で皆に告げたときも、特に感慨はなかった。

森山さんの机は、悪意ある落書きで溢れている。

最後にそれを掃除しようと一瞬だけ思ったが、結局そのまま何も手を施すことなく、早野さんは学校を後にした。

それから十年後。

社会人となった早野さんは、旅行会社で働いていた。

社用で偶々この近くの町を訪れた。

用事は思ったよりも早く終わり、帰途に就くまでかなりの時間が余った。

しばらく考えていたが、思い切って森山さんの家を訪ねてみることにした。

何がどうということではない。ただ何となく思いついただけだ。

景色は、あの頃とそれほど変わっていない。大人になった今でも、異様な雰囲気を感じる。

時が止まったような道を進んでいく。

あった。あの頃のままの状態で、森山さんの家が残っている。

あの瞬間の記憶が一気に溢れ出てくる。

結局、あれから森山さんはどうなったのか、分からないし、分かりたくもなかった。

今更この家に来たところで、どうにもなりはしないが、頭を下げることぐらいはできる。

だが、玄関先で頭を下げていて、誰かに見とがめられても面白くない。

早野さんは裏手に回った。小さいながらも庭がある。低い垣根だから、中が見渡せた。

森山さんがいた。

あのときと同じ服装で、庭の中心部に座っている。

怖いのと同時に、かつての親友が現れてくれた喜びもあった。

早野さんは声を掛けようとして気付いた。

目も耳も、あのときのままだ。

声を掛けても聞こえない。手を振っても気付かない。

ならば、抱きしめて掌に名前を——どうやって霊に触ろうというのか。

それ以上、見ていられなくなり、早野さんはその場を立ち去った。
恐らく、森山さんは今でも、深い闇の底から抜け出せないでいる。

新たなる厭の始まり

令和五年は例年と異なる年になった。

生意気にも、幾つかのイベントに出演したのである。大阪、金沢、東京と、拙《つたな》い語りや緩いトークを披露させていただいた。

沢山の人達に喜んでもらえたのが、何よりの収穫だった。

今までの私は、できるだけ表舞台に立つのを避けてきた。こんな何処にでもいそうなおっさんを見ても、大した得にもならないだろうと思っていたからだ。

あまり、表舞台に立ちたくないという気持ちもあった。

ならば何故、出演したのか。

理由は単純だ。ファンの皆様に直接会って、御礼が言いたかったのである。

昨年の『厭満』が、恐怖箱の厭シリーズとして十冊目となる。『厭怪』から始まって、よくぞ続いたものだ。

幸いにも、年末の定番にまで育ってくれた。

正月は、つくね乱蔵の厭系怪談とともに過ごす人も多いと聞く。コタツと蜜柑と猫、それとつくね本が正月の必需品らしい。

そこまで大切にしてくださる人達のおかげで、ここまで来られたのだ。それなのに、私がファンの声を聞けるのはネット上のレビューだけ。

SNSで絡める場合もあるが、殆どの人に感謝の声は届かない。

これほどファンが好きなのに、一方通行の片思いだ。ならば、こちらから機会を設け、会いに行けば良いのではと重い腰をあげた訳だ。

自身が六十五歳になるという現実も背中を押してくれた。

思い立ったが吉日だ。ずるずると引き延ばしていく時間は残されていない。

令和六年も、様々なイベントに顔を出す予定だ。お近くにお寄りの際は、どうか会いにきてほしい。

厭な話ばかり好んで書く私だが、実物は穏やかで神対応の紳士なんです。


さて、この単著は今までのものとは大きく違う。

まず、恐怖箱という冠がなくなった。これは担当編集者のO女史からの提案である。

先程も記したが、厭シリーズは十冊になった。これを機会に、つくね乱蔵としての冠シリーズにしましょうとのことだ。

恐怖箱に替わるシリーズ名を考えてほしいと頼まれ、三日三晩掛けて思いついたのが『絶厭怪談』である。

絶望系と厭系の総合商社を名乗る訳で、我ながらとんでもない看板だと呆れている。

この冠に、単著ごとのタイトルが付く。今回は『絶厭怪談 深い闇の底から』となる。

今後、いつまで書き続けられるか分からないが、また次の十冊に至るまで頑張りたい。

達成した暁には七十五歳になるのだが、元気なままのような気がする。

ただし、それまでに需要がなくなれば終わりだ。そうならないように応援をお願いしたい。


もう一つ、今回からページ数が増す。

おおよそ三十ページ。これに関しては、今後ともそうなっていくはずだ。

事情は色々とある。物凄く簡単に言うと、何処かの国のせいだ。あまり詳しく書くと、後書きが問題になって発禁になってしまう。

まあいい。作者は大変だが、読者にとっては嬉しいことだと信じるしかない。

その分、少し価格も高くなる。申し訳ない。頑張って良いものを書いていくから許してほしい。

昨年出した『厭満』は、多くの読者から「作者はクズ野郎だ」と高い評価を頂戴した。

『絶厭怪談 深い闇の底から』にも、『厭満』に勝るとも劣らないクズ野郎が沢山登場する。

構成上、そいつらの話が連続する怒涛のクズセクションがある。

加藤先生曰く「できるだけクズを後ろにまとめてみました。大晦日に出る本ですから、クズはまとめて掃除しましょう」

という訳で、読まれた方は清々しい新年を迎えられるはず。

色々と書き連ねたが、とりあえず今後ともつくねは書いていきます。

いつまでも、絶望と厭を貴方に。

二〇二三年　湖の国より感謝を込めて

つくね乱蔵

★読者アンケートのお願い

本書のご感想をお寄せください。アンケートをお寄せいただきました方から抽選で10名様に図書カードを差し上げます。

（締切：2024年1月31日まで）

応募フォームはこちら

絶厭怪談 深い闇の底から

2024年1月3日　初版第一刷発行

著者……つくね乱蔵
監修……加藤 一
カバーデザイン……荻窪裕司 (design clopper)

発行人……後藤明信
発行所……株式会社　竹書房
〒102-0075　東京都千代田区三番町8-1　三番町東急ビル6F
email: info@takeshobo.co.jp
http://www.takeshobo.co.jp
印刷・製本……中央精版印刷株式会社